新しい心理学ゼミナール

基礎から応用まで

編　藤田主一
　　板垣文彦

著　高島　翠
　　陶山　智
　　吉田宏之
　　政本　香
　　三村　覚
　　渡邊伸行
　　吉田由香利
　　鎌田晶子
　　碓井真史
　　亀岡聖朗
　　佐々木史之
　　鈴木祐子

福村出版

[JCOPY]〈出版者著作権管理機構 委託出版物〉

本書の無断複写は著作権法上での例外を除き禁じられています．複写される場合は，そのつど事前に，出版者著作権管理機構（電話 03-5244-5088，FAX 03-5244-5089，e-mail: info@jcopy.or.jp）の許諾を得てください．

まえがき

　本書『新しい心理学ゼミナール—基礎から応用まで』は，大きく２つの目的をもって企画された。ひとつは，大学や短期大学，専門学校などで心理学を初めて学ぶ学生のための最新のテキストとして，また，広く心理学に関心を寄せる多くの人たちの参考書として使用されることである。およそ15年前，私たちは福村出版より『こころのゼミナール』，およそ５年前，同じく福村出版より『こころへの挑戦—心理学ゼミナール』を上梓し，幸いに好評を得て版を重ねてきた。本書はその延長線上にあるといえる。もうひとつは，本書で取り上げた種々のテーマをきっかけに，今一度「心」という未知なる存在を見つめ，現代心理学の最前線に触れてほしいことである。

　教室は，授業を展開する教員と，目を輝かせて受講する学生との両者が主役の舞台である。学生の知識欲求を満たさなければならないと，どんなに専門的で最前線の授業を行っても，学生の興味と異なる一方的な内容を語られたのでは，残念ながら演出はうまくない。さらに，授業に前向きな学生が，内容を理解しようとテキストを読みなおしたり，試験準備のためにテキストをまとめなおそうとしたとき，知りたい内容が網羅されていることが必要であろう。教員側の興味に任せた執筆では，テキストとしての価値は高くない。テキストの使命は常に視点を学生側に置いている点であろう。

　心理学は，広く心や行動を学問の対象にしている。心の問題を追究し解明したいという願いは，私たち人間に共通したテーマである。今日まで，科学の力を結集して神秘な心の世界に迫ろうとしている。それは遅々とした歩みかもしれないが，全世界の研究成果によって確実な歩みになりつつある。

　本書のサブタイトルは，「基礎から応用まで」である。心の世界を基礎と応用に分けること自体，奇妙な印象を受けるかもしれない。たとえば，「知覚の心理学」が基礎であり，「スポーツの心理学」が応用であると主張するつもりはない。前者であれば，「知覚」という切り札を用いて，人間の知覚現象と知

覚のメカニズムに，科学の目が入ることを期待するものである。そのうえで，知覚のはたらきが人間生活にどのような価値と影響を与えているかを理解していくことができる。後者であれば，「スポーツ」はまさに応用的な心理学の分野と思われている。個人種目であれ集団種目であれ，スポーツに欠かせない心理状態を明らかにすること，スポーツを楽しみスポーツで技能を確認し合うことは，基礎と応用が相まって実践に結びつくのである。そのような意味で，本書の章立ては，他書と比較するとかなり独創的である。それは，今日の心理学が対象とする領域を体系づけて取り上げた点である。個々の領域は，与えられた紙幅では紹介しきれないが，可能な限りの情報を取り入れたつもりである。

　各章の執筆は，その分野の専門家に依頼した。それぞれが専門の研究者であり，また学生を教育している教育者である。各章とも，最新の心理学のテーマが具体的でわかりやすい内容にまとめられている。さらに深い学習を希望する場合には，巻末に掲げた参考図書を十分に活用していただきたい。

　21世紀は「心の時代」といわれるが，これは豊かな「物の時代」から，もう一度，私たちの「心」を見つめなおそうとすることにほかならない。本書の中で展開されているさまざまな心理学上の研究課題が，現在および未来の視点に立って役立つことができれば幸いである。

2008年3月

編　者
藤田主一
板垣文彦

目　　次

まえがき

1章　発達の心理学 …………………………………………… 9

　1節　動物と人間　9
　2節　人間発達のしくみ　11
　3節　発達段階の心理学―乳児期から青年期　14
　4節　発達段階の心理学―成人期から老年期　21
　トピックス1　子どもの絵と心の発達　24

2章　知覚の心理学 …………………………………………… 25

　1節　知覚の成立　25
　2節　3次元空間の成立　29
　3節　錯視現象　32
　4節　視覚以外の知覚　35
　トピックス2　水彩効果と墨絵効果　37

3章　性格の心理学 …………………………………………… 38

　1節　性格とは何か　38
　2節　性格の理論　39
　3節　性格形成の要因　47
　トピックス3　5因子モデルと人格障害　51

4章　認知の心理学 …………………………………………… 52

　1節　認知心理学とは　52
　2節　注意　55
　3節　記憶　59
　4節　まとめ　64
　トピックス4　ワーキングメモリー研究の展開　66

5章 学習の心理学 …… 67

- 1節 学習とは 67
- 2節 学習の形成 68
- 3節 さまざまな学習 74
- **トピックス5** 学習理論の応用 80
  ―行動療法・バイオフィードバック法―

6章 感情と欲求の心理学 …… 81

- 1節 感情 81
- 2節 欲求 89
- **トピックス6** 顔面表情 94

7章 臨床の心理学 …… 95

- 1節 心の仕組み 95
- 2節 心のバランス（心の適応と不適応） 96
- 3節 心の病 98
- 4節 心の治療 103
- 5節 心理テスト 105
- **トピックス7** 発達障害にはどんな特徴があるのか？ 108

8章 社会の心理学 …… 109

- 1節 社会的認知 109
- 2節 社会的自己 112
- 3節 対人魅力 116
- 4節 社会的態度 118
- 5節 同調と服従 121
- 6節 群集心理 123
- **トピックス8** 透明性の錯覚 126

9章 犯罪の心理学 …… 127

1節　犯罪の原因と防犯　127
2節　さまざまな犯罪　130
3節　非行・少年犯罪　134
4節　捜査・裁判員の心理と被害者の心理　136

トピックス9　孤独なスクールシューター「イシュマエル」　140

10章 環境の心理学 …… 141

1節　環境とは　141
2節　環境認知　143
3節　環境の評価　148
4節　環境と犯罪行動　150

トピックス10　フィールドに出ること　156
　　　　　　　―まちづくりの活動をとおして―

11章 スポーツの心理学 …… 157

1節　スポーツと動機づけ　157
2節　運動学習　161
3節　メンタルトレーニング　164
4節　スポーツと健康　168

トピックス11　キー（key）となる呼吸　171

12章 心理学の歴史 …… 172

1節　心理学は19世紀中頃に成立した　172
2節　3つの勢力の出現　177
3節　日本の心理学　181

トピックス12　一次資料との出会い　183

参考文献
人名索引
事項索引

1章 発達の心理学

1節 動物と人間

　発達心理学が扱う対象は，人間の一生にかかわるすべての事象である。動物と人間のルーツが同じであっても，それぞれの種が担ってきた生存の方法は異なっている。ここでは，動物と人間の基本的な関係を比較し，人間が発達していくうえで重要なテーマについて考えてみよう。

1　人間誕生の意味

　進化を捉える概念のひとつに，個体発生という考え方がある。個体発生とは，生命の誕生といえる受精卵が完成した1個体へと成長し，やがて死に至るまでの変化を指すものである。しかし，人間の場合，個体発生は他の動物のそれと大きく異なっている。

　スイスの動物学者ポルトマンは，「動物の進化の程度は，その動物の誕生時の状態と深い関係がある」といっている。彼は，哺乳類を留巣性と離巣性に分け，両者の誕生時の姿を比較した。留巣性の動物は妊娠期間が短く，多産で，親とかなり異なる体型で生まれ，親の保護がないと生存が難しい。イヌやウサギ，ネズミなどがその例である。これに対して，離巣性の動物は妊娠期間が長く，原則として1個体を出産する。身体つきも親に似ていて，子どもは誕生すると間もなく，親のあとを追ってよろよろと歩きだす。ウマやウシ，サルなどは，すでに誕生時から生きる力を備えているのである。

　ここで問題になるのは人間の場合である。人間は妊娠期間が長く，親は原則的に1個体を出産する。赤ちゃんの頭と身体のバランスは親のそれとは異なり，親の保護がなければ1日たりとも生きることができない。ポルトマンは，人間の誕生が他の動物と比べて1年間の早産であると考え，二次的留巣性という

名前を与えた。胎児期が2年間あれば，誕生時に一人で生きる力を発揮できるということである。つまり，人間に限って，生後の1年間は母体の中と同じような環境が必要であることを意味している。私たち人間は，子どもを養育するという重要な仕事をしなければならないのである。

2　野生児の世界

野生児とは，幼いころに人間の養育を得られなかった不幸な子どもである。アヴェロンの野生児や狼に育てられた

図1-1　カマラの食事風景

といわれるアマラとカマラの例などはよく知られている。なかでも後者のケースは衝撃的であろう。1920年に，インドのカルカッタ付近で，推定1歳半と8歳の2人の少女が発見された。なぜ狼と生活していたのかは不明だが，2人とも全裸で生肉を食べ，2本足で立って歩くことも，ことばを話すこともできなかった。その後，2人はシング牧師をはじめ，熱心な人たちによって人間らしい教育を受けたが，アマラは早死にしてしまい，9年間生き延びたカマラも精神年齢は3歳レベルにしか発達しなかったという。このような例は，発達初期の経験がいかに重要な意味をもっているのかを示している。発達は環境条件に規定されるところが大きい。

3　初期経験と臨界期

カルガモのひな鳥は親のあとを追うが，それは孵化したときに最初に見る「動く大きな対象」に追従する習性をもっているからである。オーストリアの動物学者ローレンツは，この追従行動を刻印づけ（インプリンティング）とよんだ。ひな鳥は大きな鳥を最初から親だと認知したのではなく，生後間もない時期に見た「動く大きな対象」が親鳥だったのである。一度刷り込まれると決して後戻りすることはない。それでは，このような初期経験はいつのころが最適なの

だろうか。カモを被験体にした研究によると，生後（孵化後）約16時間前後が最も刻印づけによい時期だという。この時期が臨界期である。

最近の研究によると，赤ちゃんは生後すぐに1時間ほどはっきり目覚める時間があるというが，眼球を自由に動かして周囲の人や物を見ようとするのは，生後130日ほど経ったころだといわれている。すなわち，約4ヵ月である。スピッツは，この時期の対人関係に「3ヵ月の微笑」「8ヵ月の不安」ということばを使っている。子どもは生後3ヵ月ごろになると，自分をよく見つめてくれる人間の顔に向かって笑いかけるが，6ヵ月を過ぎるこ

図1-2　ローレンツを追うカモ

ろになると，見なれない顔に対して警戒するようになってくる。この警戒は一種の不安である。スピッツによると，生後7ヵ月から11ヵ月の間が最も強いそうである。この現象は，一般に「人見知り」という表現で知られている。親などの身近な人の顔がはっきりと刷り込まれて，その他の人と弁別されるのはこのころなのであろう。

2節　人間発達のしくみ

人間の心や身体は，一生変化し続ける。量的にも質的にも毎日が変化の連続である。「発達」をあらわす"development"ということばは，「包み込んだものが外へ現われる」という意味である。ここでは，発達の概念や原理，遺伝と環境などの問題をとおして，発達のしくみについて考えてみよう。

1　発達とは何か

発達とは変化の過程を指す概念であるが，それは身体の形態や構造という変化だけでなく，行動や思考，社会性の変化に至るまで，人間に関係するあらゆ

る事実を対象にしている。ドイツの心理学者コフカは「有機体やその器官が，量において増大し，構造において精密化し，機能において有効化するとき，これを発達という」と述べている。

　発達は，成熟と学習という2つの側面で捉えると理解しやすい。成熟は，素質的にもっている機能や能力，形態の質的変化などが年齢とともに現われてくる変化である。歩行の開始や性的な成熟などがその好例である。身長や体重の増大という量的変化を指す場合は成長ともいう。これに対して，学習は出生後の経験によって獲得した行動の永続的変化で，環境という外的な要因に大きく依存している。文字の読み書きができる，自転車に乗ることができるなど，学習による発達は日常生活の多くの部分を占めている。

　このように分けると，成熟と学習は並行関係にある印象をもつが，発達は両者の複雑な相互作用の結果である。一定の成熟が整わないと学習の成立は困難であり，学習の機会が少ないと身体的機能も十分に成熟しない。かつて成熟優位か学習重視かという論争が起こった。成熟優位説はアメリカのゲゼルを中心に研究が進められ，「レディネス」の重要性が指摘された。学習重視説はロシアのヴィゴツキーを中心に研究が進められ，「発達の最近接領域」の考え方が提出されるに至った。

　これまでの発達心理学は，生まれてから成熟したおとなになるまでの心身の変化を研究対象にすることが多かった。しかし，1970年代以降，誕生から死に至るまでの全生涯を研究しようとする「生涯発達心理学」が台頭し，すべての時期におけるすべての人間の姿が明らかになろうとしている。

2　発達の原理

　人間の身体や精神の成長・発達は，「十人十色」といわれるように個人差が存在する。しかし注意深く観察すると，発達は決して無秩序に進むものではなく，そこには一般的に認められる特徴がある。そのいくつかを紹介しよう。

　a　発達の連続性　発達はその速度に緩急の相違があっても，連続的な過程である。たとえば，急にことばを話し始めたり，突然，身体が成熟するのではなく，長い準備期間を経てだんだんに完成していくものである。発達曲線は，身長や体重，語彙数などの増加を年齢との関係で図示したものである。

図1-3は，スキャモンが描いた身体発達の曲線である。神経型（大脳や脊髄など）は外界に適応するため生後急速に発達し，一般型（骨格や筋肉など）は乳幼児期と青年期に活発な発達をする。前者は個人としての発達，後者は男・女としての発達である。生殖型（睾丸や卵巣など）は，一般型の発達に連動して，13, 4歳ごろから活発な発達を始める。リンパ型（リンパ腺や胸腺など）は13, 4歳までは200％近く上昇するが，それ以降は急激に下降する。リンパ腺は子どもの生命を護り，胸腺は生殖型の発達にブレーキをかける役割を担っている。この2つの型のはたらきは，ともに13, 4歳ごろにその役割を終える。

b 発達の順序性 赤ちゃんが誕生してから歩き始めるまでの運動発達を例にすると，そこに一定の順序があることに気づく。首が安定し，頭と肩の統制ができ，続いて座る，ハイハイする，立ちあがるなどの一連の行動を経て初めて歩くようになる。図1-4はハイハイの姿であるが，このあとに伝い歩きが始まる。言語の発達も同様である。喃語から1語文，2語文へと広がり，やがて複雑なコミュニケーションができる会話へと発達していくのである。

c 発達の方向性 発達には，「頭部から尾部へ」と，「中心部から末梢部へ」という2つの方向がある。ハイハイのときは，腕や手までの発達は進んでいるが，下半身の発達はまだ膝あたりまでしか達していない。したがって，ハイハイは手の力と膝の力による移動になる。また，腕の大きな運動から，しだいに

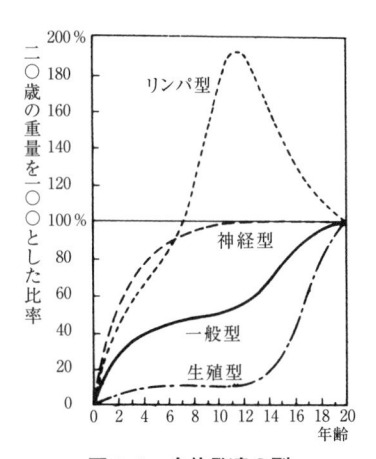

図1-3 **身体発達の型**
（スキャモンによる）

図1-4 **楽しいハイハイ**

肘から手首，指先の細かな運動が可能になるため，箸を持つ，手先でボールを捕るなどの行動ができるようになる。

　d　**発達の分化と統合**　乳児の反応は全身的な運動である。泣くときは全身をふるわせ，バタバタさせて自分の気持ちを表現する。それは心身の発達が未分化であるため，顔の表情だけで泣くことができないのである。ウェルナーは精神発達の本質は心的現象や機能が分化し，やがて統合することであると述べている。未分化で混沌としていたものが統合される過程である。

　e　**発達の関連性**　心身のある部分だけが独立して発達することはなく，精神発達と身体機能や社会性の発達との間には関連性がある。たとえば，身体発達と知的発達とは密接に関連していて，病気などのため身体発達が遅滞すると，知的発達も遅れがちになる。

　f　**発達の個人差**　発達には個人差があり，同年齢であっても発達の早い人，遅い人がいる。発達曲線に描かれるのは大多数の人の平均値であり，そこに個人差は示されない。平均値だけで個人を評価することは避けなければならない。

　g　**発達の遺伝と環境**　発達は，遺伝と環境との複雑な相互作用である。かつては，遺伝を重視した生得説と，環境を重視した経験説とが対立していたが，現在は2つの相互作用によって発達を説明している。シュテルンの輻輳説，ジェンセンの環境閾値説などの考え方はよく知られている。

3節　発達段階の心理学—乳児期から青年期

　発達心理学では，人間の生涯をいくつかの段階に分けて理解する。これを発達段階とよび，各発達段階の質的な特徴を明らかにすることが研究対象になる。表1-1は，一般的な区分をもとに，生涯発達という視点から，ピアジェ，フロイト，エリクソン，コールバーグの発達段階を比較したものである。ここで，各段階の特徴を概観してみよう。

1　乳児期

　生後2~3ヵ月が過ぎると，乳児は人の顔をじっと見ながら，ほほえむようになる。このような対人関係による微笑を社会的微笑とよんでいる。これまで，

表1-1 生涯発達の視点による発達段階 (山本多喜司による)

段階	年齢期間	主な特徴	認知的段階 (ピアジェ)	心理-性的段階 (フロイト)	心理-社会的段階 (エリクソン)	道徳段階 (コールバーグ)
胎児期	受胎から誕生まで	身体の発達	―			
乳児期	誕生(熟産)から約18ヵ月まで	移動運動の確立 言語の未発達 社会的愛着	感覚運動期	口唇期 肛門期	信頼 対 不信	前道徳期 (段階0)
幼児期	約18ヵ月から約6歳まで	言語の確立 性役割の獲得 集団遊び 就学「レディネス」とともにこの段階は終わる	前操作期	男根期 エディプス期	自律性 対 恥・疑惑 自主性 対 罪悪感	服従と罪 (段階1) 互恵性 (段階2)
児童期	約6歳から13歳まで	操作の速さを除いて,多くの認知過程が成人なみになってゆく チーム遊び	具体的操作期	潜在期	勤勉性 対 劣等感	良い子 (段階3)
青年期	約13歳から約20歳まで	思春期の始まり 成熟の終り 最も高度のレベルの認知の達成 両親からの独立 性的関係	形式的操作期	性器期	同一性 対 同一性拡散	法と秩序 (段階4)
成人前期	約20歳から約45歳まで	職業と過程の発達			親密 対 孤立	社会的契約 (段階5)
成人中期 (中年期)	約45歳から約65歳まで	職業が最高のレベルに達する 自己評価 「空っぽの巣」の危機			世代性 対 自己陶酔	原 理 (段階6または7,いずれもまれに出現)
成人後期 (老年期)	約65歳から死まで	退職 家族や業績を楽しむ 依存性 やもめ暮らし 健康の弱さ			統合性 対 絶望	
死	―	特別の意味をもった「段階」				

人間の顔であれば，乳児は怒った顔にでも笑った顔にでも微笑反応を示すといわれていた。ところが最近の研究では，乳児に図1-5のような顔の模型を見せると，立体的なおとなの顔で，しかも微笑の表情に微笑反応の多いことがわかってきた。これは，母親のような特定の人への強い接近を意味し，先にふれた「人見知り」現象へ通じるものである。

乳児期ほど著しく発達する時期はみられない。わずか1年から1年半の間に，歩くこと，ことばを話すことができるようになる。認知発達とともに，指さし行動が生まれ，ことばにも意味が加わってくる。乳児期の安定した母子関係は，人格形成にきわめて重要である。ハーロウによる子ザルを対象にした有名な実験は，スキンシップの重要性を強調するものである。子ザルは，温かい接触感をもつ布製の母親人形を，冷たい接触感をもつ針金製のそれよりも好んだ。母親の胸に抱かれた乳児は快の感情に満足し，心理的な安定を築いていく。

子どもを保護し，生命を維持させるのは周囲のおとなであり，主に母親であることは容易に理解できる。母親の役割は，第一に生理的欲求の充足であるが，子どもにとっては母親への愛着の形成が最初の課題である。愛着の形成は基本的信頼関係の獲得と強く関係し，社会性の発達や友だち関係の発達などの基礎になるものである。

愛着の発達については，ボウルビィによる研究が知られている。養育者（母親）に示す定位行動，信号行動，接近行動など一連の行動が形成されるためには，母親と子どもとの間に持続的で強

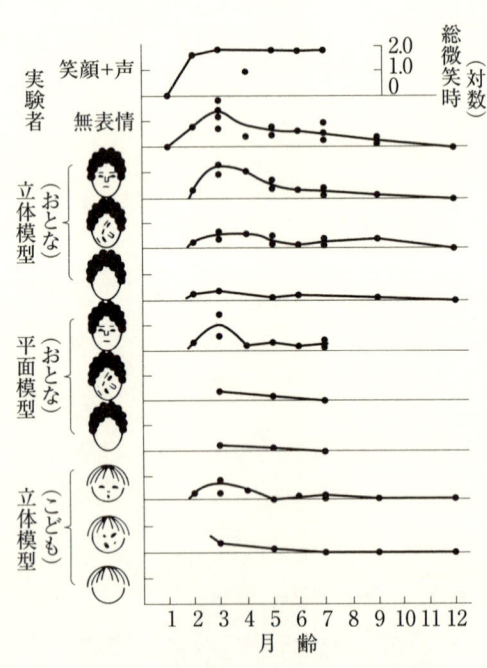

図 1-5　顔模型に対する乳児の微笑反応
（高橋道子による）

い心理的な結びつきが必要である。いわばしっかりとした母子の絆が形成されなければならない。愛着の形成は特に母親との関係に求められるが，最近では家庭という枠組みを考えるうえで，父親の果たすべき役割が再認識されている。

2 幼児期

　幼児の世界は遊びが中心である。家庭が生活の大部分だった乳児期と比べ，生活空間が広がっていく。種々の基本的生活習慣が習得され，独立心や自律心も発達する。幼児の遊びは，対人関係の中で発達する。一人遊びから平行遊び，協同遊びへと進む。思考の発達にともなって，象徴遊び（ごっこ遊び）も複雑になり，役割を演じることや，ルールを守ることもできる。そこから他者（他我）の存在を知るようになる。

　思考の発達について，ピアジェは表1-1のように区分している。このなかで幼児期は前操作期にあたり，さらに幼児前半を象徴的思考段階，後半を直観的思考段階に分けている。前操作期の特徴は，視点が自己に中心化して，他者の視点を含む複数の視点から対象を捉えることができない。つまり，自分と他者，内面と外面，主観と客観などの区別が困難で，すべてを自分の立場で眺めてしまうのである。このような思考の特徴を自己中心性というが，ピアジェの「3つの山」の問題によく表われている。いろいろな位置から写した写真を見せ，自分の位置から見える写真を選ばせる問題である（図1-6）。象徴的思考段階（4歳ごろ）の子どもは，座る位置によって山の見え方が違うこと自体に気づかない。直観的思考段階（4～6歳）の子どもは，位置が変わると視点が自分に中心化してしまい，選択に失敗する。

　ことばが発達してくると，「これな

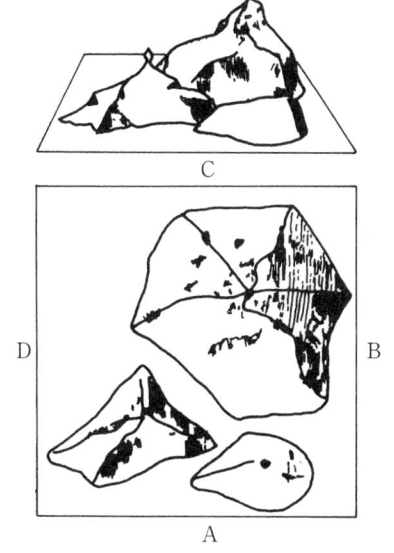

図1-6　3つの山（ピアジェによる）

に」「どうして」などと盛んに質問する質問期が訪れる。知識欲求による行動であるが，おとな側の応答の仕方が重要であろう。3,4歳ごろになると，「いや」とか「ぼくがやる」「わたしがやる」などという自己主張が現われてくる。第一反抗期とよばれる現象である。子どもの心の中に自我が芽生えてきたのである。

3 児童期

　児童期は小学校時代である。最近は幼児教育が普及しているので，就学時に現われる集団への不適応は少なくなったという。それでも，就学は生活環境の急激な変化である。遊び中心の生活を卒業しなければならないからである。

　この時期の身体的発達は，幼児期に比べると穏やかである。伸長期から充実期へ移行するからである。筋肉が発達し，運動能力も向上してくる。ところで，時代の変遷とともに身体的発達や性的成熟が促進されている。発達加速現象である。児童期がだんだん短縮され，青年期が早期に始まっているのではないだろうか。これは，精神保健の面からも大きな意味がある。

　児童期の前半は，まだ自己中心的な思考が強い。たとえば，液量の保存を例にすると，幼児期は見かけの量に惑わされていたが，児童期が進むしたがって可逆性の原理に気づき，脱中心化の現象となって現われてくる（表1-2）。

　学校は学習の場であるとともに，親しい友だちをつくる場でもある。小学校に入ると，子どもを取り巻く人間関係は大きく変化する。家庭生活から学校生活へ移行することで，新たに学校の友だちや先生との関係が加わる。一緒にいて楽しい人，自分の考え方や感じ方と同じ人が集まってグループをつくり始め

表1-2　保存実験の正答率（天岩静子による）

	3:6〜4:5	4:6〜5:5	5:6〜6:5	6:6〜7:5	7:6〜8:5	8:6
粘土量	7	7	13	63	85	86
液量	7	4	17	77	92	100
数	0	8	15	76	89	100
重さ	0	7	13	59	78	100
長さ	0	6	12	56	85	71
面積1	0	7	5	55	72	86
面積2	0	0	7	49	74	86

る。グループに所属することで「仲間」という意識が生まれ，同じような遊びをしたり，主張の対立でけんかをしたりしながら，安心感と結束力のある仲良し関係が形成される。ギャング・エイジとよばれる集団である。

ところで，友だち関係が成立するための要因にはどのようなものがあるのだろうか。一般には，次の4段階に分かれる。

(1) 相互的接近：家が近い，クラスの中で座席が近いなど。
(2) 集団的協同：学習や作業で協力するなど。
(3) 同情愛着：なんとなく好き，感じがよい，親切でやさしいなど。
(4) 尊敬共鳴：相手の学業や人格的な特性を尊敬する，気が合う，性格が一致する，意見や思想に共鳴するなど。

相互的接近によって友だちになる関係は，幼児期や小学校前半のころに多く見られるが，年齢とともに急速に減少していく。集団的協同は，小学校入学からゆるやかではあるが上昇する。同情愛着による友だち関係も小学校2～3年がピークで，それ以降はゆっくりと下降する。これに対して，尊敬共鳴の要因によって友だちになる傾向は，中学生のころから目立って上昇していく。つまり，思春期以降の友だち関係は，物理的で外面的な要因よりも，心理的で内面的な要因に強く規定されるのである。

4 青年期

青年期は，心や身体が激しく揺れ動く時期である。そこで，青年期を疾風怒濤の時代とよぶことがある。

a 青年期とは 青年期は，児童と成人との間に位置し，ティーン・エイジャーから24,5歳ごろまでの時期である。学校制度と重ねると，中学校入学前後から始まり，社会人として巣立つまでを指す。したがって，子どもからおとなへの移行期にあたる。「子どもであり，おとなでもある」「子どもではなく，おとなでもない」という不安定な状態である。レヴィンは，青年を「中間人」(周辺人)とよんだ。子どもとおとなの中間に位置しているからである。

青年期は，乳児期を除くと最もめざましく発達する。生物学的に発達の頂点にあるといってよい。特に性的な成熟は，青年期の重大な問題のひとつになる。青年は情緒不安定である。過敏なために優越感や劣等感の間を振り子のように

往復する，羞恥心を示す，自己顕示を現わす，依存心を強く示す，猛烈な独立心を現わす，などの状態になる。しかし，青年期の始まりのころと終わりのころとでは，彼らの精神構造は大きく違っている。異性への目覚めはもちろん，社会への態度や自分の人生観まで変転する。そして，心理的離乳という精神的な自立へ向かっていくのである。

　b　青年と性　性的発達を包含した身体的発達は急速に進行する。成長ホルモンや性ホルモン，内分泌腺のはたらきが活発になる。第二次性徴の出現は，子どもが青年期に突入したという重要な信号である。男子の性徴は，陰毛，腋毛，ひげなどの体毛の発生，声変わり，咽頭の隆起，精液の分泌（精通），筋肉や骨格の頑丈化などである。一方，女子では男子と同じく体毛の発生，乳房のふくらみ，月経の開始（初潮），骨盤の拡大，皮下脂肪の増加などによって曲線的な体型になる。

　性役割を獲得していくことも，青年が果たすべき課題である。性役割とは親や社会から期待された役割行動を指している。多くは親のしつけ，社会の慣習などをとおして身につけていくものである。青年は自分と異性との性役割を学び，互いに相手の立場を尊重していかなければならない。

　c　自我の確立　青年期は精神生活の始まりである。自分自身についての関心が高まり，自分の容姿は十人並みだろうか，自分の長所や短所は何だろうか，人は自分をどう見ているのだろうかなどと考え込んでしまう。自我の確立へのスタートということができる。ルソーが青年を「第二の誕生」とよんだのは，人間としての精神生活を営むために生まれ変わるという意味である。

　青年の心は不安定である。周囲の人びとからおとな扱いされても，自分一人で乗り越える自信がない。そこで，片意地を張って抵抗する。周囲の人びと，特に親や教師に依存している自分を知りながら，そういう自分を許せないのである。そこに葛藤が生じ，自我が闘い出す。親だけでなく，社会的な権威，伝統，慣習，社会的干渉などにことごとく抵抗する。これが第二反抗期といわれる現象である。反抗を繰り返しながら，自分の道をさがし，自分というものを確立していくのである。

　エリクソンは，「自分は・・・である」という主体的な意識を自我同一性（エゴ・アイデンティティ）とよんだが，同一性を獲得するには猶予期間（モラト

リアム）が必要である。青年は，この時期に同一性をいかに獲得していくのかを問われる。人生の方向を見つけるための大切な時期である。同一性が拡散して自分を見失ったり，生き方に戸惑ったりしないようにしなければならない。

4節　発達段階の心理学―成人期から老年期

　成人期がいつまでなのかを決めるのは，次に訪れる老年期のスタートに個人差が大きいので難しい。青年期は自分自身をしっかりと見つめていく時期であるが，成人期は社会との関係のなかで自分を位置づけていく。そして，老年期は人生をいま一度見つめなおす時期である。

1　成人期

　a　成人期の意味　青年期が終わると，およそ 65 歳ごろまでを成人期とよんでいる。成人期は人生のなかで最も充実した時期といえる。社会へ巣立つ多くの若者は職業を選択し，職業社会のなかで自分の可能性を発揮しようとする。また結婚して家庭を築き，家族とのコミュニケーションをとおして生活が拡大され，責任と自信にあふれた生活を送る人が多くなる。表 1-1 に示したように，エリクソンは成人前期を「親密」対「孤立」の段階と位置づけている。充実した生活を送る一方で，自分の進路を誤ると無力感や疎外感に陥る。

　成人後期は，職業活動が最高のレベルに達する時期であるが，同時に心理的な危機を迎える時期でもある。わが子の独立や自分の定年退職などが現実のものとなる。家族のために懸命に生きてきた人がふと振り返ってみたとき，若さを失った自分，生きがいを手放した自分を見出し，やり場のない無力感や不安感に襲われてしまう。これが，エリクソンのいう「空っぽの巣」の危機である。

　b　成人期の課題　ハヴィガーストは，成人期に完成しなければならない発達課題を取り上げている。それぞれの時期の課題を立派に達成すれば，次の段階へ健全な成長を遂げられるのである。成人前期の課題としては，①配偶者を選択する，②家庭をつくる，③子どもを養育する，④社会的責任を自覚する，⑤職業生活に適応する，などである。また，成人後期の課題としては，①成人としての市民的・社会的責任を遂行する，②日常生活の経済的基準を確立し維

持する，③子どもたちが幸福な成人になるように援助する，④配偶者との人間的な結びつきを完成する，⑤生理的変化に適応する，⑥年をとった両親にうまく適応する，などである．

c 成人期の健康 人生にはいろいろな節目がある．入学，卒業，就職，結婚，退職などであるが，成人期は40年ほどの時期のなかで実に多くの節目に取り囲まれている．職場でも家庭でも責任ある立場に立たされ，ときには仕事上のトラブルや子どもの教育についての悩みなどに，強いストレスを感じることが多い．また身体的な衰えを自覚し，自分の健康に関心をもつことも増えてくる．今日では，QOL（クオリティ・オブ・ライフ）を中心においた人生設計を考えることが問われている．

2 老年期

a 老いの意識 わが国は世界有数の長寿国になり，老年期を対象とした研究がクローズアップされている．老年期が何歳から始まるのかを決めるのは非常に難しい．同じ年齢でも若々しい人もいれば，老化も目立つ人もいるからである．加齢（エイジング）による変化には，個人差が大きい．

総務省が行った老人の意識調査によると，60〜64歳の人は，老年期の始まりを70歳かそれ以上と答えることが多いようである．加齢によって老いを感じ始めても，自分はまだ老人ではないという意識が強い．それでは，「老いた」と感じるきっかけは何だろうか．図1-7によると，老いの意識は自分の内的要因が大部分を占めている．身体が思うように動かない，疲労しやすい，疲労の回復が遅い，物覚えが悪くなった，病気がちになったなどである．これに対して，外的要因はずっと少ない．老いは誰にとっても未知の経験である．外見的な判断での老人扱いは，その人の心理的な老いと必ずしも一致しない．

b 老人の性格 老人の性格は誤解されることが多い．わがままな老人，疑い深い老人，出しゃばりな老人，頑固な老人，愚痴っぽい老人，保守的な老人など，このような人たちを見て紋切型の老人像を作り上げていないだろうか．しかし，これらの性格特性がすべての老人に共通しているとは限らない．

社会生活や日常生活を考えるとき，適応の問題は重要である．加齢にともない老人の心が変化し，感情も不安定になる．身体的老化からくる健康上の不安，

1章 発達の心理学

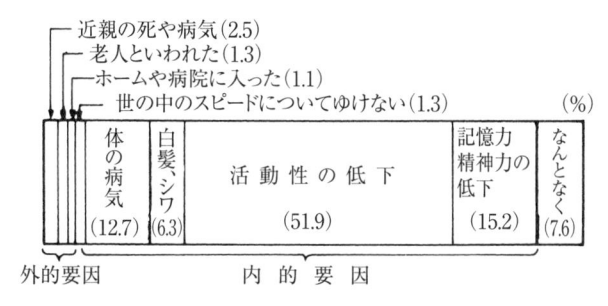

```
─ 近親の死や病気(2.5)
 ─ 老人といわれた(1.3)
  ─ ホームや病院に入った(1.1)
   ─ 世の中のスピードについてゆけない(1.3)
                                        (%)
```

| 体の病気 (12.7) | 白髪、シワ (6.3) | 活動性の低下 (51.9) | 記憶力精神力の低下 (15.2) | なんとなく (7.6) |

外的要因　　　　　　　内的要因

図1-7　老いの意識（井上勝也による）

退職による経済的な不安，社会的役割が薄れてきたことからくる疎外感，孤独感などが覆いかぶさってくる。ライカードは，適応性から老人を5つのタイプに分けた。①人生に建設的な円熟型，②他人にすべてを依存する依存型，③加齢に対する自己防衛型，④ふさぎ込む自責型，⑤他人を非難攻撃する外責型などである。どういうタイプで生きるにしても，自分の人生を悔いのないように生きてほしいものである。生老病死は人間にとって避けられないテーマだが，積極的に考えるべきテーマでもある。

いずれ訪れる死をどのように受け止めていくのかを考えることが，老年期に課せられた最大のテーマであろう。

トピックス 1

子どもの絵と心の発達

「母の日に，お母さんを描いてプレゼントしましょう」と言われたら，子どもたちはニコニコして，大好きなお母さんを一生懸命に描き始める。「えーっと，ママの顔は丸いから‥‥」「ママは赤いお洋服が好きだから‥‥」と，一人でブツブツ言いながら，いつも一緒にいるお母さんを楽しそうに描いていく。さあ，完成したお母さんは，果たしてどのような姿かたちをしているだろうか。

子どもの発達について，スイスの児童心理学者ピアジェは4段階を提唱している。感覚運動期，前操作期，具体的操作期，形式的操作期がそれである。幼児期は前操作期に位置する子どもである。彼らは自己中心的に思考し，相手の視点に立って物事を捉えることが苦手である。しかし，目と手指との協応動作が発達するころから，クレヨンやハサミ，のりなどを使う行動ができるようになり，しだいに内的なイメージを描くようになっていく。

幼児の絵は，子どもの心をよく表現している。1歳半ごろからなぐり書きの時代がやってくる。点を突破口にして，縦線や横線，円などを手の動きに任せて書きまくる。絵とは似ても似つかないが，大切な過程である。2歳を過ぎるころから，ことばの発達も手伝って意味づけの時代に入る。3歳ごろから人物画に興味をもつようになる。頭足人間の登場もこのころである。丸く描いた頭から直接手や足がニョッキリと出るのが特徴である。時には手足の数が3本であったりするが，子ども自身はこの絵をおかしいと思っていない。自分が必要なものを描けば満足するのである。5歳ごろからの絵は表現が豊かになる。写生するよりも知っていること，印象に残っていることを描く。いろいろな事物を同一次元に並列させたり，ある部分だけを誇張したり，レントゲン的に描いたり，自分の視点を強調したりする。

子どもは絵が好きである。画用紙に自分の経験や感動を自由に描ける喜びを知っているからである。仲良し友だちは，どんな時も手をつないでいる。楽しい体験は明るい絵に，辛い体験はタッチにも元気がなくなってしまう。まさに子どもの絵は心の投影である。絵に上手下手という見方はない。さあ，もう彼らがどんなお母さんを描くのかがわかるだろう。

図1-8 頭足人間の登場

2章 知覚の心理学

　私たちは，さまざまな環境に囲まれ，環境を知り，そしてその環境のなかで行動している。何かを食べる時も，外を歩く時も，誰かと話をする時も，何がどこにあるのか，誰がどこにいるのか，相手が何を話しているのか，まず，知ることが必要となる。私たちは，どのように周りを知覚するのだろう。

1節　知覚の成立

　知覚が成立するためには，まず外界の情報を取り入れる感覚器官が必要である。感覚器官からの情報をもとに世界を知る。その過程では一定の特徴がある。ここでは，知覚が成立する基礎とその基本的特性についてみてみよう。

1　知覚の基礎

　私たちの感覚には，視覚・聴覚・嗅覚・味覚・触覚（皮膚感覚）のいわゆる五感に加え，平衡感覚・内臓感覚・自己受容感覚という感覚がある。それぞれの感覚と，それに対応する感覚経験を合わせて，感覚モダリティという。
　視覚には網膜上に光受容器（桿体・錐体）があるように，それぞれの感覚モダリティには，その感覚を受容する感覚受容器がある。その感覚受容器は受容できる範囲が決まっており，たとえば視覚では380-780nmの波長を色として知覚することができる（可視光線）。780nmよりも長い波長は赤外線，380nmよりも短い波長は紫外線となり，私たちには直接見ることはできないが，たとえばふくろうは，私たちよりも高い波長の超音波を聞くことができ，鳥類は紫外線に相当する色を見ることができるように，その範囲は種によって異なる。
　外界にある物理的な対象や感覚受容器に到達した刺激は，私たちが実際に知覚する内容とは異なることも多い。外界にある物理的な対象を遠刺激，網膜像のように感覚受容器における反応を近刺激とよび，私たちの知覚内容とは区別

される。

　では，知覚世界はどのように成立していくのだろうか。

2　図と地の成立

　図2-1は，ルビンによって描かれた「ルビンの杯」である。黒い領域に注目すると向かい合った2人の横顔が，白い領域に注目すると杯が見えるだろう。では，白い杯が見えるとき，黒い領域はどのように見えるだろうか。

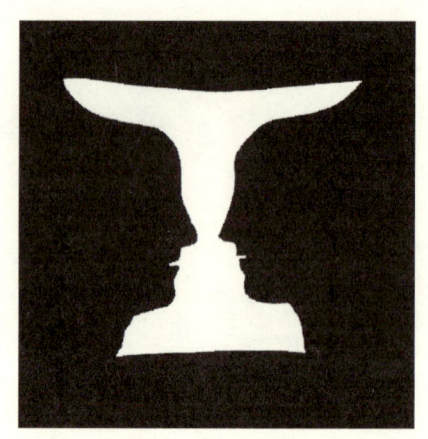

図2-1　ルビンの杯

　たとえば，白い杯を見ているときには横顔は見えず，杯の少し後ろに背景としてどこまでも広がっている。白い領域は杯という「かたち」があり，輪郭線に区切られた内側に，「もの」としての性質が広がっている。このように，視野の中で事物としてまとまる領域を「図」，その背景に広がる領域を「地」という。図2-1は，杯と2人の横顔というように観察によって図と地が入れ替わる図地反転図形である。

　図2-2は何の絵が見えるだろうか。一見，ただの黒いしみの絵に見えるが，実は，ダルメシアンが隠れている。ダルメシアンが見えると，その背景の黒いしみ模様という地から，ダルメシアンという図が成立する。地の領域から図の領域を見出すことを，図地分化という。

　このように私たちは，視野に広がる情報から図と地に分離して，意味のある領域を「図」として選択する。

3　形の成立

　霧がどこまでも続く状況のように一様な明るさに囲まれると，図も地も存在せず，形をみることもできない。このような状況を全体野という。ピンポ

図2-2　何が見える？

ン玉を半分に切って目に当てることでも全体野を観察することができる。全体野のような状態では形をみることはなく，長時間さらされていると幻覚が見えてくる。

　形を知覚するには，その形に輪郭が必要となる。しかし，実際には，輪郭がなくてもそこに形をみることができる。その代表的なものが，図2-3に示すカニッツァの主観的輪郭である。この図形には，物理的な輝度（明るさ）の変化はないにもかかわらず，周りよりもさらに白い三角形をみることができる。

図2-3　主観的輪郭

4　視覚体制化

　一般に視野のなかでは，図と地が分化するだけではなく，図が互いにまとまりをつくる。これを群化という。ウェルトハイマーは，点や線を用いた単純な図形を用いて，まとまりやすい特徴を次のようにまとめている（図2-4）。

　a　近接　近いもの同士は，遠いもの同士よりもまとまりやすい。
　b　類同　同じ特徴をもつもの同士は，異なる特徴をもつもの同士よりもまとまりやすい。
　c　閉合　開かれた領域より，閉じられた領域のほうがまとまりやすい。
　d　滑らかな（良い）連続　滑らかな連続性をもつ線はつながり，まとまりやすい。
　e　シンメトリー　対称性のある領域が図になり，まとまりやすい。
　f　同じ幅　同じ幅で変化していく領域が図になり，まとまりやすい。
　g　共通運命　同じ方向に移動していくもの同士はまとまりやすい。共通運命は，その他の特徴よりもまとまりやすさを促進する。

　この他にも，過去に見たことのあるもの同士はまとまりやすいという過去経験があげられるが，過去経験はその他の項目に比べてはたらきが弱いという特

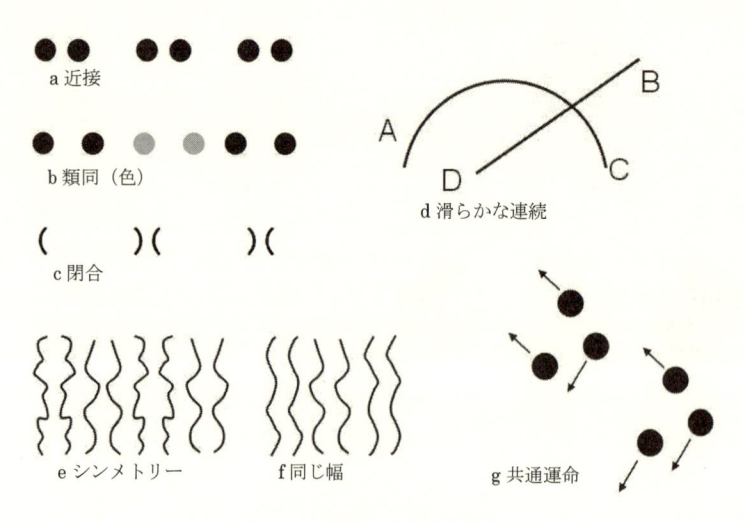

図 2-4　視覚体制化の諸法則

徴がある。実際の場面では，より複雑な視覚情報から知覚世界が成立する。視覚野に映るものは，簡潔・単純な方向に向かってまとまる傾向にあり，この傾向をプレグナンツ傾向という。

5　知覚の恒常性

　遠くにいる友人がこちらに気がついて，歩いて近づいてくる。遠くに立っている友人は網膜上では小さく，目の前に立っている網膜上では大きく映る。この教科書を閉じて，さまざまな角度から見てみよう。網膜上では，真正面からみれば長方形に近く，傾けて下から見上げるようにみると台形に，さらに傾けるとひし形にもなる。しかし私たちは，友人が突然大きくなったり，本の形が傾けると変わるというようには見ない。このような現象を恒常性という。

　恒常性は，大きさ，形，色などさまざまな属性において成立する。この恒常性のおかげで，私たちは安定した知覚世界を手に入れることができる。

2節　3次元空間の成立

　私たちの知覚世界は，3次元の空間をもっている。しかし，網膜像は2次元である。手を伸ばして触れることで3次元の世界を知ることができるが，触れることのできない車窓の向こう側に広がる世界や絵画の世界も，3次元の空間として捉えることが可能である。2次元の世界からどのように3次元の空間を手に入れるのだろうか。

1　奥行き知覚の生理学的基礎

　a　眼球の水晶体の調整　遠くを見るときは水晶体が薄くなり，近くを見るときは水晶体が厚くなる。この変化は凸レンズと同じで，近くの対象を見るときは屈折率が大きくないと焦点が合わないため，水晶体も厚くなる。

　b　輻輳（ふくそう）　遠くを見るときと近くを見るときでは，左右の眼球の角度も異なる。近くのものを見るときはより目にならないと焦点が合わないが，遠くのものを見るときは，視線はまっすぐに近づいていく。

　c　両眼視差　左右の目の位置は同じではないので，左右の網膜像は少しずれた画像となる。その左右の網膜像の差異によって，奥行きを知ることもできる。この両眼視差を利用した立体視として，ステレオグラムがあげられる。

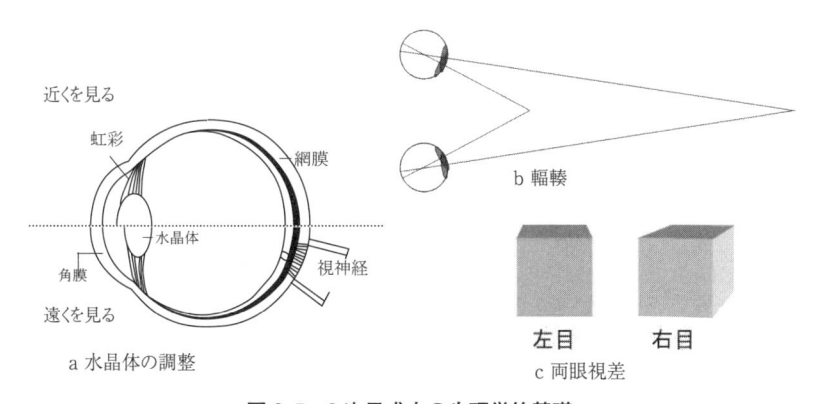

図 2-5　3次元成立の生理学的基礎

2　絵画的表現による3次元の成立

さまざまな絵画には，2次元的な絵画においても，3次元的な奥行きを感じるような手がかりがある。絵画的表現に見られる3次元成立の手がかりには，代表的に次のようなものがあげられる（図2-6）。

　a　線遠近法（透視図法）　1つあるいは2つの消失点とよばれるポイントに向けて収束していく線によって，奥行きの手がかりを与える図法である。線と線の間隔が狭く収束していく方向が遠く，線と線の間隔が広くて発散していく方向が近く見える。

　b　重なり　一方の対象が，もう一方の対象の一部を覆うように描かれているとき，遮蔽されている対象が奥に見える。

　c　大きさ　同じ形のものであれば，手前にあるものが大きく，奥にあるものが小さく描かれる。先にあげた大きさの恒常性がはたらき，大きいものが近くに，小さいものは遠くに見える。

　d　陰影　太陽などのように上から光が当てられると，対象は影を落とす。この場合の陰影は，対象の立体感を与える手がかりとなる。

　e　肌理の勾配　たとえば，砂利道が遠くまで続いている道を想像してみよ

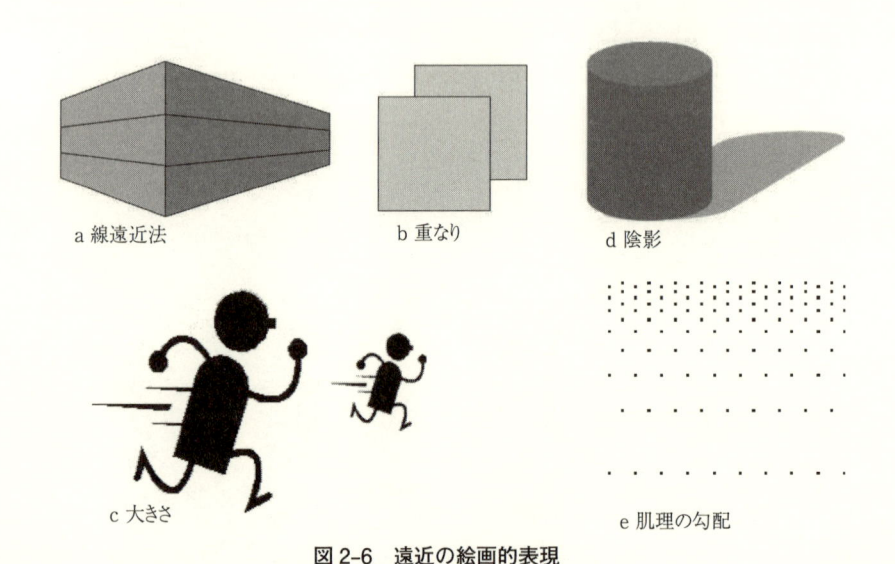

a 線遠近法　　b 重なり　　d 陰影

c 大きさ　　e 肌理の勾配

図2-6　遠近の絵画的表現

う。手前に来ればくるほど，砂利の大きさや間隔が荒く，奥にいけば行くほど細かくなる。このように，肌理すなわちテクスチャーの粗さが奥行きの手がかりを与える。

 f 大気遠近法 水墨画のように，手前にあるものはよりはっきりと描き，奥にあるものは輪郭をぼやかして青っぽく描く方法である。

3 運動による3次元の成立

 a 運動視差 走る電車の中から外の景色を見てみよう（図2-7）。線路の脇に立つ家は，家だと認識する間もなく視界から消えていく。一方で，線路から遠くはなれた富士山は，長い間車窓の景色の中で楽しませてくれる。さらに，月や太陽など天体の星は視界から消えるどころか，どこまで進んでも自分についてくるように見える。このように，運動によって生じる網膜像の違いが，3次元を示す。

 b 立体運動視 図2-8のような図を回転させると，中心の白い円が奥になったトンネル状のものか，あるいは反対に中心の白い円が手前になったコーン状のものが回転しているように見える。これは，平面状の右のような図が平面上を動いていると見るよりも，奥行きのある対象が回転しているように見る

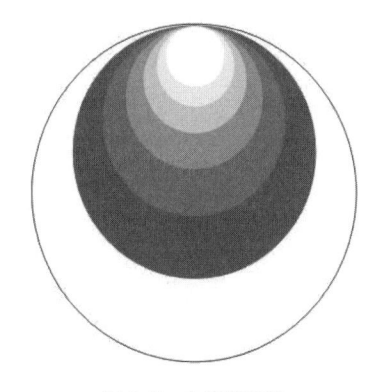

図2-7 運動視差   図2-8 立体運動視

ほうが簡潔で単純であるというプレグナンツ傾向に従った知覚現象である。

　このような複数の手がかりを総合的に利用して，私たちは3次元の空間を手に入れることができる。

3節　錯視現象

　私たちは，まっすぐのものをゆがんでいるように知覚したり，同じ大きさのものを異なる大きさのように知覚したりする。このように，物理的な世界と知覚世界とのゆがみによって生じるものが錯視である。錯視現象の研究をすることは，私たちの知覚特性を明らかにする第一歩となる。

　ここでは，代表的な幾何学的な錯視をはじめとして，明るさの錯視や日常場面によく見る錯視を取り上げる。

ミュラーリヤー錯視	ポンゾ錯視	デルブーフ錯視	エビングハウス錯視
ポッゲンドルフ錯視	ツェルナー錯視	ジャストロー錯視	
ヘリング錯視	ヴント錯視	ザンダー錯視	
カフェウォール錯視		シェパードの机	

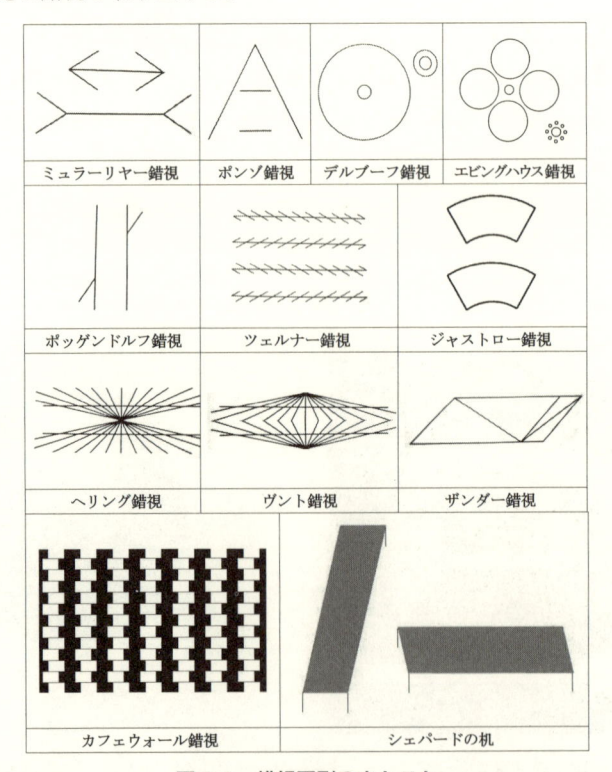

図2-9　錯視図形のあれこれ

1　幾何学的錯視

錯視の中で最も代表的なものは，図2-9のような幾何学図形による錯視である。同じ長さの線分や，長さが異なって見えるもの（例：ミュラーリヤー錯視，ポンゾ錯視など）や，まっすぐの線や正円が歪んで見えるもの（例：ヘリング錯視，カフェウォール錯視など）などがある。

これらの幾何学的錯視は，絵画の中でも利用されている。たとえば，ルーベンスの『キリスト降架』（図2-10）は，はしごが男性の背後に描かれているが，男性の上部と下部に現れるこのはしごは，物理的には直線でつながらない。これはポッゲンドルフ錯視を逆に利用して，知覚的にまっすぐに見えるように描かれているのである。

図2-10　ルーベンスの「キリスト降架」

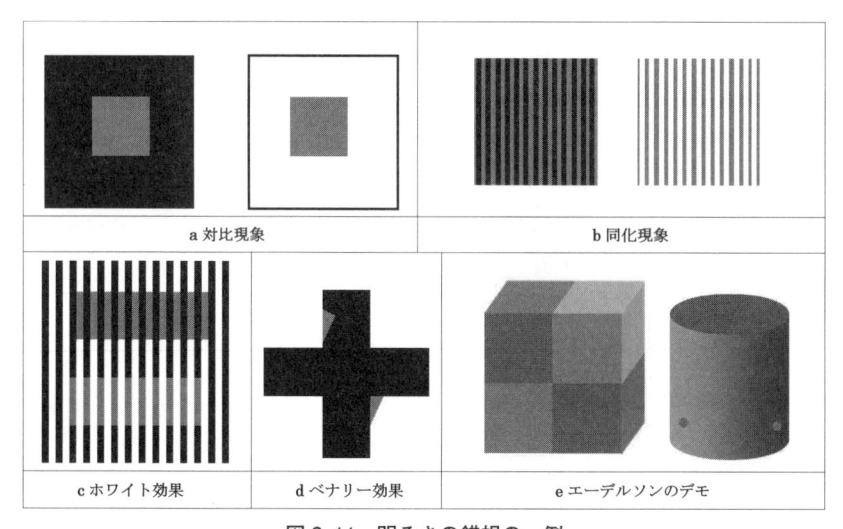

図2-11　明るさの錯視の一例
a 対比現象　b 同化現象　c ホワイト効果　d ベナリー効果　e エーデルソンのデモ

2　明るさ・色の錯視

　測色的には同じであっても，その色がおかれている状況や周囲にある色によって異なる色に見える（図2-11）。代表的な明るさ・色の錯視現象が，対比現象であろう。これは，隣接する領域の差異をより大きくする側抑制という生理学的理由があげられるが，それだけで明るさ・色の錯視を説明することはできない。エーデルソンのデモに見られるように，明るさ（陰影）の情報と物体そのものの白さの情報を利用することで，錯視も大きくなる。

3　日常場面の錯視現象

　a　滝の錯視　水量の豊富な滝の流れをしばらくみてみよう。その後，滝の周りにある岩や緑の木々をみると，今度は動かないはずのその岩が，まるで上に上っていくかのようにぐにゃりとゆがむ。これが滝の錯視である。この現象は，ぐるぐる回転した後に動かない景色をみると逆方向に回転していくようにみえるのと同じで，残効によって生じる。

　b　月の錯視　町並みのすぐ上に現れるのぼったばかりの満月と頂天の満月とは，どちらの方が大きいだろうか？　実は，同じ大きさである。しかし，地平線近くに表れる満月は，頂天にある満月の何倍も大きくみえる。この錯視はギリシャの時代からの謎とされているが，いまだにその理由のすべては解明されていない。地平線近くにある月を観察するときは，地平上の山並みや住宅地

図2-12　滝の錯視　　　　　図2-13　月の錯視

2章 知覚の心理学

図 2-14 透明な山？

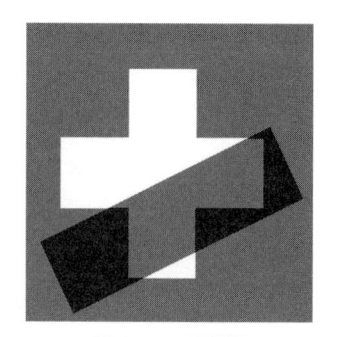

図 2-15 透明視

など奥行きを感じさせる情報が豊富であることに比べて，頂天にある満月を観察するときは，まわりに月や星しかないことが原因の1つだといわれている。

　c　透明な山　図 2-14 の写真を見てほしい。2 つの半透明の山が重なっている。山が透明であるということはありえない。どのようになっているのだろうか。実際にはここには 3 つの山があるが，その山と山の稜線がきれいにそろうことで，山が透明に見える。これは，図 2-15 に示すような透明視と同じ原理である。

4節　視覚以外の知覚

　これまで，とくに視覚に関する現象を紹介してきた。では，視覚以外の感覚・知覚には，どのような特徴があるだろうか。

1　視覚以外の知覚

　聴覚においても，視覚と同様に図と地の分離が存在する。たとえば町の雑音の中から，自分に近づいてくる車の音を聞きとることができる。また音楽では，地となる伴奏から図となるメロディを聞くことができる。たくさんの音が存在する場合には，時系列に近い音（「近接」）や，音程や音色の類似した音（「類似」）が 1 つのまとまりとして聞こえるというように，視覚的体制化と同様の体制化の特徴がある。また，途切れた純音に対して，その純音の周波数を含む音を埋め込むと，純音の音の途切れたことには気がつかない。図形の重なりと同じよ

うに重なっている部分を補完して知覚する。

このように，聴覚と視覚とでは，知覚的特性に類似するところが大きい。

2 複数感覚からの知覚

a マガーク効果 1976年にマガークは，「/ga/」を発音している人の画像に，「/ba/」の音声をつけてビデオテープを再生したところ，「/ba/」でも「/ga/」でもなく，「/da/」と聞いている人の割合が多かったことをしめした。これがマガーク効果である。

b 腹話術効果 腹話術師が人形の口を動かすのにあわせて，口を動かさずに声をだすと，まるで人形が発声しているように感じる。音楽にあわせて声をださずに歌うマネをすると，まるでその人が歌っているようにみえる。

これらの例からもわかるように，私たちは視覚だけで見ているわけでも，聴覚だけで聴いているわけでもない。すべての感覚を用いて，私たちの住むこの世界を「知って」いくことができるのである。

トピックス2

水彩効果と墨絵効果

　本章で紹介したもの以外にも多くの色・明るさの錯視が報告されている。最もポピュラーな現象が，本章でも紹介した同化現象と対比現象である。同化現象とは隣接する領域の差異が減少して見える現象であり，対比現象とは隣接する領域の差異がより強調されて見える現象である。多くの色・明るさの錯視は，この両現象が基礎となっている。

　そのような色・明るさの錯視現象の中でも，水彩効果（Watercolor effect）はPinna, Werner, & Spillmann（2001）によって報告された比較的新しい色の拡散効果（同化現象）である。濃い紫などの波線の片側に，明度の高いオレンジなどの色で縁取りを加えると，縁取りを加えた側に，まるで水彩絵の具で塗ったかのように，うっすらとオレンジ色が拡散して見える。さらに，水彩効果が生じる領域は，図になりやすさを促進することも報告されている。視覚体制化の諸法則と拮抗して水彩効果が生じるパターンにおいて，古典的な法則よりも優位に図の成立やまとまりを導く。

　白地に無彩色で描くと，有彩色と同様に片側には灰色が拡散し，もう片側には強い対比現象が見られる。しかしながら中灰の背景に明灰と暗灰で線を描くと，両方向に色が拡散し，明るさの差異が強くなる。この現象を，水彩効果に対して墨絵効果とよぶ。多くの同化現象では対比現象が伴って生じることが知られているが，この墨絵効果では対比効果を伴わずに両方向に同化現象が生じる点で新しい錯視である。

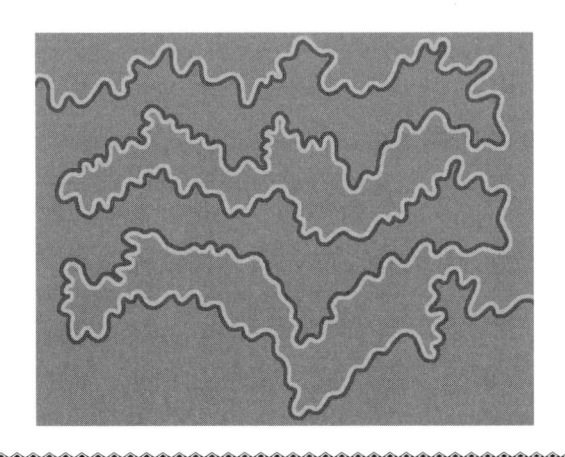

3章 性格の心理学

　人はよく,「いろいろな性格の人がいるから」とか「同じ性格の人はいないから」といった感想を抱く。これらは次のような思いと無縁ではないと考えられる。「同じ状況なのにずいぶんと違った行動をするものだ」とか,「その行動はきっとその場限りではないはずだ」とか,「その行動をとらせるものが,その人の心の中にあるのだろう」といった思いである。性格心理学者もおおよそ,このようなことを共通の認識として性格の研究を行ってきた。つまり性格は,その個人に独自であり,状況や時間をこえて行動に一貫性をもたらすような内的な要因として位置づけられてきた。

　この章では,性格に関する代表的な理論である類型論と特性論をとりあげ,研究者が性格の差異をどのように説明してきたかについてみていくことにする。また,近年再び注目を集めつつある性格形成における遺伝と環境の問題を紹介する。

1節　性格とは何か

　性格という用語には類似語がいくつもある。パーソナリティ,その訳語である人格,気質などであるが,これらは研究者の間で必ずしも明確に区別され,同じ意味で使用されているわけではない。気質とは,一般に生理的・体質的特徴によると考えられる情緒的反応の個人差のことをいう。たとえば,刺激に対する感受性,反応の強さや速さ,主な気分に関する差異である。一方,近年の発達心理学では,気質という用語を発達の初期(乳児期初期)からみられる行動上の個人差という意味で用いている。たとえば,身体運動の活発さ,刺激に対する泣きやすさ,注意の集中性に関する差異である。この2つの使用にみられる重要な違いは,前者では遺伝的制約のため容易には変化しないという意味合いが強いのに対し,後者では環境との相互作用によって変化する可能性を強

調するところにある。

　性格という用語は，パーソナリティ（人格）の同義語として使用されることが多いが，性格はパーソナリティという全体のうちの部分であるとする研究者もいる。性格に知能を加えたものがパーソナリティであるとか，性格に知能と気質を加えたものがパーソナリティであるといった見方である。また，性格が倫理的，道徳的な意味合いをもつことも少なくないため，この用語の使用が控えられた歴史もある（日本語では人格の方が道徳的な意味合いをもっており，英語圏とは対照的である）。しかし，本章では性格とパーソナリティを同義ととらえ，特に必要な場合を除き，性格という用語をもっぱら用いることにする。

　性格のもっともよく知られた定義に，オルポートによるものがある。彼は，性格とは「個人の内部で，環境への彼独自な適応を決定するところの精神・身体的体系の力動的体制（組織）である」と定義している。この定義にある「力動的体制」という語句は，よく見うけられる「…の総計である」といった総括的定義を避け，活動的な体制を強調したのであり，その体制は変化してやまないものであるという。また，「精神・身体的」とは，全く精神的なものでも全く神経生理学的なものでもないという含みがある。さらに「決定する」「独自な」にみられるように，性格とは行為の背後にあって，個人の内部に存在する独自なものであると考えられた。

2節　性格の理論

1　類型論

　類型論では，性格を一定の観点からいくつかの類型（タイプ）に分けて理解しようとする。このため，依拠する観点によって多様な類型が生まれる。ただし，類型論の目的は現実の人間を分類することではなく，見出された典型的な類型によって対象をより深く理解することにある。

　a　クレッチマーの類型論　ドイツの精神医学者であったクレッチマーは，病理現象の中で認められる特定の性格を糸口として一般の人の性格を理解しようとした。彼はまず，臨床上の観察から，精神病と体格との間に関連があるこ

表3-1 クレッチマーによる精神病と体格との関係（クレッチマーによる）

		細長型	肥満型	筋骨型	その他
統合失調症	(5233例)	50.3%	13.7%	16.9%	19.1%
躁うつ病	(1361例)	19.2	64.6	6.7	9.5
てんかん	(1505例)	25.1	5.5	28.9	40.5

表3-2 クレッチマーによる各気質の特徴（詫摩らによる）

気質	体格		特徴
分裂気質	細長型	一般的	非社交的, 静か, 内気, きまじめ, 変わりもの
		過敏さ	臆病, はにかみ, 敏感, 神経質, 興奮しやすい, 自然や書物に親しむ
		鈍感さ	従順, おひとよし, 温和, 無関心, 鈍感, 愚鈍
躁うつ気質	肥満型	一般的	社交的, 善良, 親切, 暖かみがある
		躁 的	明朗, ユーモアがある, 活発, 激しやすい
		うつ的	寡黙, 平静, 気が重い, 柔和
粘着気質	筋骨型		熱中しやすい, 几帳面, 誠実, 忍耐強い, 頑固, ときどき爆発する

とを見出した．すなわち，統合失調症（以前の名称は精神分裂病）の患者には細長型の体格が多く，躁うつ病の患者には肥満型の体格が多いということである（表3-1）．ついで，精神病患者の病前性格や近親者の性格を調べ，統合失調症と躁うつ病に認められた体格との対応関係を，一般の人の性格（気質）と体格との関係にまで拡張させたのである（分裂気質は細長型に多く，躁うつ気質は肥満型に多い）．また，その後の研究により，粘着気質と筋骨型体格の関連がつけ加えられた．クレッチマーが取り上げた一般の人の性格（気質）の特徴を表3-2に示す．

b　シェルドンの類型論　アメリカの心理学者シェルドンは，クレッチマーのような精神病患者に基礎をおく演繹的な方法とは異なり，計測や統計手法による帰納的な方法で体格と性格との関係について研究を行った．

シェルドンは大学生を対象に身体各部の計測を行い，基本的な体格として次の3つを見出した．①消化器系の発達がよく，肥満している内胚葉型，②骨や筋肉の発達がよく，直線的で重量感のある中胚葉型，③神経系，感覚，皮膚組

表 3-3 シェルドンによる体格と気質との関連，および 3 気質の特徴
(詫摩らによる)

体　格	相　関	気　質	気質の特徴
内胚葉型	.79	内臓緊張型	くつろぎ，安楽を好む，飲食を楽しみ，社交的
中胚葉型	.82	身体緊張型	大胆で活動的，自己を主張し，精力的に活動する
外胚葉型	.83	頭脳緊張型	控え目で敏感，他人の注意をひくことを避ける，安眠できず疲労感をもつ

織の発達がよく，細長い体格の外胚葉型である．一方，性格（気質）に関しては，50 の代表的な特性用語を用いた評定を行い，3 つの型（内臓緊張型，身体緊張型，頭脳緊張型）を抽出した．そして 3 種の体格と 3 種の性格（気質）との関係について検討し，表 3-3 に示すような関連のあることを見出した．シェルドンの研究は，内容的にはクレッチマーの類型論をほぼ支持するような結果であったとみることができる．

　c　**ユングの類型論**　スイスの分析心理学者ユングは，リビドー（心的エネルギー）が主に外界に向けられ，外界の人や事物によって影響されやすい人を外向型とよび，リビドーが主に内界に向けられ，自己に関心や注意が集中しやすい人を内向型とよんだ．また，この分類とは別に，思考と感情，感覚と直観をそれぞれ対とする 4 つの心理機能を取り上げた．図 3-1 に示す例は，最も優位な心理機能（主機能）が直観であり，第二次機能が思考のケースである．さらに，内向型と外向型の 2 分類と 4 つの心理機能を組み合せることによって 8 つの類型をうみ出した（たとえば外向的直観型）．

　d　**シュプランガーの類型論**　人間はそれぞれに，興味や関心をひかれる生活領域が異なっている．ドイツの哲学者シュプランガーは，価値に関する 6 つの類型を考えた（表 3-4）．人間は誰しもこれら価値方向のいずれか 1 つ，

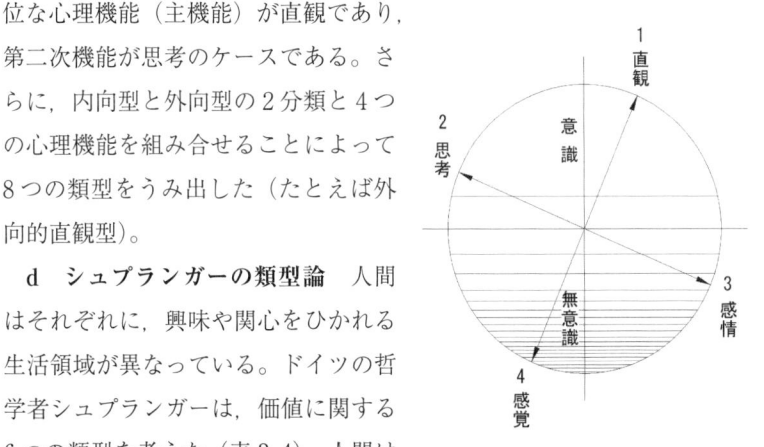

図 3-1　ユングの 4 つの心理機能
(河合による)

表3-4 シュプランガーの価値類型（宮城，オルポートによる）

理論型	真理の発見に関心があり，物事を客観的に扱う。経済的な観念がなく，政治的なものにも関心が少なく，審美的な態度とも縁がうすい。
経済型	何が実用的かということに関心をもつ。教育が実用的であることを望み，芸術が商業上の目的に役立つことを望む。
審美型	敏感で，繊細な感情をもち，物事を感情を通してながめる。生きる目的は，美を求めることであり，また，自分の享楽である。
宗教型	完全に満足できるような最高の価値を求める。人生のうちに神性があらわれていると考えているものがあるし，あの世こそ，本当に価値ありと考えるものがある。
権力型	つねに他人を支配し，他人に命令しようとする。知識は権力を得る手段であり，芸術も他人にすぐれたいという欲求にのみ使われる。
社会型	自分が生きるばかりでなく，他人とともに生きようとする。時にはわが身をすてて他人につくす。

または1つ以上によって自分の生活を組み立てているというのである。

e 類型論の問題点 類型論は，それぞれの観点にもとづいて典型的な類型が明示され，複雑多様な性格を全体的でなおかつ質的に把握できるという利点をもっている。一方，類型論の問題点としては，①複雑多様な性格を少数の類型に分類することができるのか，②類型と類型の境界が明確でない，といった批判がある。

しかし，このような批判は必ずしも的確とはいえない。類型論は人間を分類することが目的ではなく，類型的（典型的）なものの使用によって性格の理解が深められるかどうかが重要だからである。類型は入れ物としての「箱」ではなく「焦点」のようなものと理解するべきである（若林，2004）。とはいえ，留意すべき問題点もある。③ある個人をある類型だと判断してしまうと，その類型に固有な特徴ばかりに目を奪われ，その個人のもつ他の特徴を見落としてしまうという傾向である。まさにステレオタイプな見方に陥ってしまう危険性を常に内包しているのである。

2 特性論

「几帳面だ」「包容力がある」「やさしい」などと，誰もが折にふれて自分や他者の性格を特徴づけようとする。こうした用語は，個人に比較的安定してみ

3章 性格の心理学

られる行動傾向をとらえたものであり，性格特性（または単に特性）とよばれる。特性論では，性格をいくつかの特性によって構成されているものと考え，それぞれの特性をどのくらいもっているか，つまり各特性における量的な差によって，性格の差異（個人差）を説明しようとする。

a　オルポートの特性論　アメリカの心理学者オルポートによれば，まったく同じ特性をもつ者は2人といないという。ともに絵画を好む審美家であったとしても，そのスタイルはどこか違っているからである。オルポートは個人に独自な特徴を与える個別特性のみが真の特性であるとし，個別特性の研究を重視した。しかしその一方で，ある文化圏の内部では性格形成に影響する要因（発達と文化の論理）は共通しており，比較することが可能な共通特性（たとえば，支配─服従）が存在すると考えた。そこで，彼は共通特性を個人について測定し，その結果を心誌とよばれるプロフィールで表現したのである（図3-2）。

b　キャッテルの特性論　アメリカの心理学者であるキャッテルの理論は，因子分析という統計手法と密接に関係している。彼は特性を表面的特性と根源的特性に分けた。表面的特性とは，観察によってとらえられる特徴の集まりで，臨床心理でいえば症候群（syndrome）ということになる。これに対し根源的特性は，表面的特性を成り立たせていると想定される潜在的な特性であり，因子分析によって見出すことができるとされた。このような考えにもとづき，行動評定，質問紙法，客観的検査法によって得られたデータの因子分析を行い，12の根源特性（因子）を見出した。キャッテルはその後，4個の根源特性を加え，16パーソナリティ因子質問紙（16P.F.）を作成している。図3-3は，16P.F.を用いた研

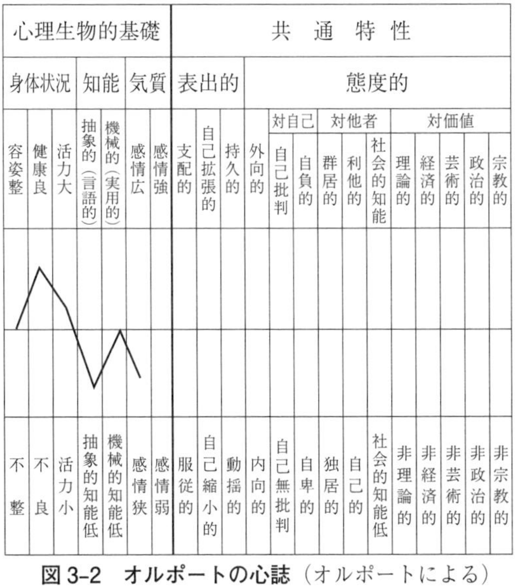

心理生物的基礎			共　通　特　性					
身体状況	知能	気質	表出的	態度的				
					対自己	対他者		対価値
容姿整 健康良	抽象的(言語的) 機械的(実用的)	感情広	支配的 自己拡張的 持久的	外向的	自己批判	自負的	群居的 利他的 社会的知能	理論的 経済的 芸術的 政治的 宗教的
活力大		感情強						
不整	不良	感情狭	服従的 自己縮小的 動揺的	内向的	自己無批判	自卑的	独居的 社会的知能低	非理論的 非経済的 非芸術的 非政治的 非宗教的
	活力小	感情弱						
	抽象的知能低 機械的知能低							

図3-2　オルポートの心誌（オルポートによる）

究の中から,オリンピックでの優勝者41人の平均プロフィールと指導的研究者の平均プロフィールを示したものである。2つのプロフィールは類似点もあるが,かなり違ってもいる(キャッテル,1965)。

c アイゼンクの特性論 イギリスの心理学者アイゼンクは,性格を4つのレベルをもつ階層構造としてとらえた(図3-4)。最下層の特殊反応は,日常または実験における個々の行動であり,習慣的反応は,さまざまな状況を通じて繰り返される行動である。特性は相関の高い習慣的反応をまとめたもので,類型はその特性をさらにまとめたものである。つまり,アイゼンクは関係の見えにくかった特性をより抽象化された類型のもとにまとめ上げ,類型論と特性論を結びつけるモデルを提出したのである。そして,精神医学的診断,質問紙法,実験的動作検査などから得られた諸変数を用いて因子分析を行い,最高層の類型には3つの基本的な次元のあることを見出した。すなわち外向性—内向性,神経症的傾向(情緒的安定性),精神病的傾向の3つである。このなかで外向性—内向性と神経症的傾向の2つの次元は,性格を記述するうえで最も基

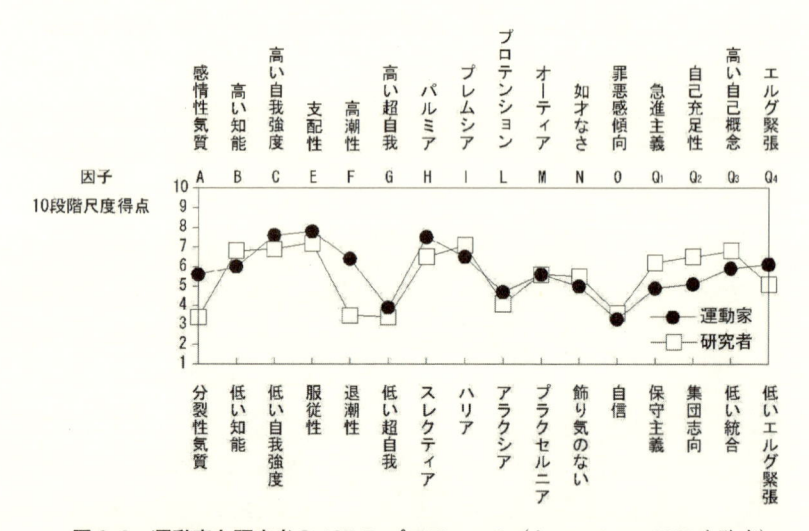

図3-3 運動家と研究者の16P.F.プロフィール(キャッテル,1965を改変)

※ 運動家は自我強度C,支配性E,パルミアHが高く,罪悪感傾向Oが低い。すなわち,情緒が安定していて,自己主張的で,大胆で,くよくよしない傾向のあることを示している。一方研究者は,AとFの低さから内向的であること,また,I,C,Eが平均以上であることから鋭敏であるが,情緒は安定していて,自己主張的であることがうかがわれる。

本的な次元であると，多くの研究者により認められている。アイゼンクは，この2つの次元を測定するための質問紙として，モーズレイ性格検査（MPI）や，その改訂版であるアイゼンク性格検査（EPI）を作成した。

　d　5因子モデル　上述したように，アイゼンクは2つあるいは3つの次元（因子）を抽出した。これに対しキャッテルは16個の特性（因子）を取り出した。このように，研究者によって採用される特性（次元）の数や種類は大きく異なっており，性格を理解するための共通の枠組みを見出せずにいた。しかし，1980年代になると，その枠組みに大筋での合意がみられるようになった。それは，重要だとされる因子の数が5つであったことから，5因子モデル（あるいはビッグ・ファイブ）とよばれている。

　5因子モデルでは，5つの特性次元によって性格を包括的に理解しようとする。数多くの研究で5因子構造が繰り返し確認され，この考え方が次第に承認されるようになると，5因子モデルにもとづいて性格検査を作成しようとする研究が行なわれるようになった。コスタとマックレーが開発したNEO人格目録改訂版（NEO-PI-R）は，その代表的なものである。NEO-PI-Rは，外向性，神経症的傾向，経験への開放性，協調性，誠実性という5つの因子から構成されており，彼らの一連の研究によって，年代・性別・人種の違いに関わらず，自己評定でも他者評定でも，期間をおいた縦断的研究でも，5因子構造が

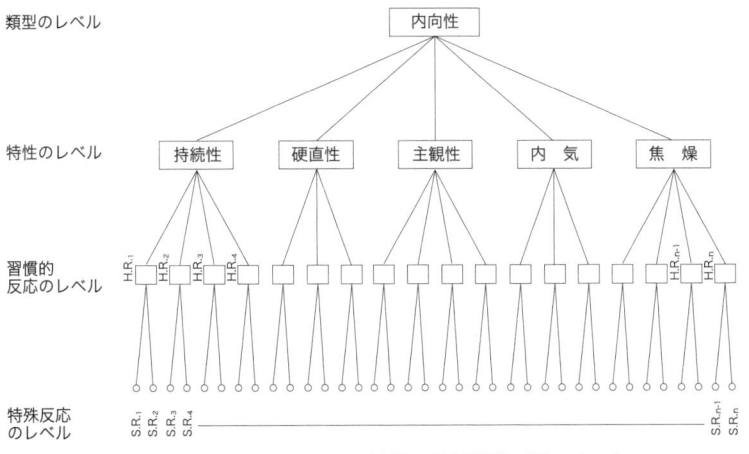

図3-4　アイゼンクによる性格の階層構造（辻による）

コスタとマックレーの解釈（名称）	病理的傾向	一般的特徴	解釈（名称）	一般的特徴	病理的傾向
外向性	無謀	積極的	①外向性―内向性	控えめ	臆病・気後れ
協調性	集団埋没	親和的	②愛着性―分離性	自主独立的	敵意・自閉
誠実性	仕事中毒	目的合理的	③統制性―自然性	あるがまま	無為・怠惰
神経症的傾向	神経症	敏感な	④情動性―非情動性	情緒の安定した	感情鈍麻
開放性	逸脱・妄想	遊び心のある	⑤遊戯性―現実性	堅実な	権威主義

図3-5 辻らによる5因子モデルの特徴（丹野，辻による）

※ 因子の名称や記述は，一方の極が望ましく，他方は望ましくないと判断されがちである。辻らの5因子では，各特性の長所・短所がバランスよく記述されている。外向性が極端になると「無謀」となる危険性をもつようになり，統制性が極端になると自己統制しすぎるあまり「仕事中毒」に結びつく。他方，自然性とは自己や環境の統制を放棄し，「あるがまま」に受け入れようとする日本的なスタイルの1つである。

安定して得られることが確認されている。

　また，NEO-PI-Rは現在，さまざまな言語で翻訳版の作成が行われており，英語圏以外においても同様の5因子構造が見出されている。このことは，5因子モデルが世界的に普遍（universal）である証拠となっている。しかし，必ずしも5因子だけがきれいに抽出されているわけではなく，地域性を考慮した（indigenous）研究の蓄積と発展が求められている。わが国では辻平治郎らが，日本人の視点を導入した独自の5因子モデル（図3-5）を提唱している。また，そのモデルにもとづいて5因子性格検査（FFPQ）を作成している。

3　「人間―状況」論争

　人間か状況かの論争は，特性論が5因子モデルにたどり着く以前，アメリカの心理学者ミッシェルが1968年に著した『Personality and Assessment』に始まる。ミッシェルはこのなかで，人間の行動に一貫性があるという証拠はほとんど無く，実際には状況によって強く規定されていると，データを添えて主張した。これは，性格を安定した内的要因とする伝統的な考え方に大きな衝撃を与え，その後，10年以上にもおよぶ論争を引きおこすことになった。ミッシェルが主張した基本的問題は，おおよそ表3-5に示すようにまとめられる（若

表3-5 ミッシェルによる性格心理学研究の問題点（若林による）

① 観察された行動から性格特性を推測し，その特性によって行動を予測するのは循環論である。	…（特性概念の問題）
② 質問紙の結果と具体的な場面での行動との相関はきわめて低い。	…（特性または質問紙による行動の予測力の問題）
③ 行動はその時の状況に依存するので，状況を切り離した性格特性というものはあり得ない。	…（状況の重要性）
④ 特性の推測（判断）には観察者側の認知的要因が影響するので，認知的要因を考慮する必要がある。	…（認知要因の重要性）

林，2004）。

　性格よりも状況が，行動の決定因として重要であるとする立場を状況主義とよぶが，ミッシェルはけっして性格という概念が必要ないと述べたわけではない。状況を切り離して性格だけで行動を説明するには問題があるとして，状況の重要性を指摘したのである。たしかに，上司の前と子どもの前とでは行動に大きな変化がみられる可能性がある。前者では上司という状況の影響が強いであろうし，後者では選択されうる行動の範囲は広く，子ども好きかどうかといった個人差の表れやすい状況といえるだろう。

　現在では，特性と状況のどちらが重要かという問題ではなく，特性と状況がどのように相互作用しあうのか，その過程やパターンを明らかにすることが求められている。また，「人間―状況」論争は，こうした相互作用論だけでなく，特性概念の妥当性を検証しようとする研究動向をもたらすことにもなった。そうしたものとして5因子モデルや後に触れる神経生理学的研究などがある。

3節　性格形成の要因

1　遺伝要因

　性格形成には，遺伝要因と環境要因の両要因が絡み合い，相互に影響しあっていると考えられている。では，遺伝要因と環境要因は性格形成にどの程度関係しているのだろうか。遺伝要因の影響を調べる方法の1つに双生児法がある。双生児には一卵性と二卵性のあることがよく知られている。一卵性は1つの受精卵が2つの個体に分かれたもので，遺伝的には全く同じである。二卵性は2

つの受精卵が2つの個体へと育ったもので、遺伝的にはきょうだいと同じである。双生児が一緒に育つならば、一卵性でも二卵性でも環境の違いは小さいと考えられる。したがって、ある特徴について一卵性の類似度が二卵性の類似度を大きく上回るようであれば、その特徴には遺伝要因が大きく関係しているとみることができる。

　図3-6は、いくつかの心理的特徴について双生児間の統計的類似性を示したものである。知能や学業成績のみならず、外向性、職業興味、神経質といった性格特性でも一卵性の類似度が二卵性の類似度を大きく上回っており、性格形成に遺伝要因が関係しているのは明らかである。このほかにも、性格特性の代表的な理論である5因子モデル（外向性と神経質を特性次元として含んでいる）に関して、同様に各次元の形成に遺伝が関与しているとの指摘がなされている（安藤, 2006）。しかし、性格因子に対する遺伝の影響が強いからといって、それぞれに独立した遺伝的起源をもつことが示唆されているわけではない。表現型である5因子と遺伝要因との関係はそれほど単純ではないようである。

　ところが、遺伝的にも独立した性格因子があると主張する理論もある。クロニンジャーのパーソナリティの7次元モデルがそれである。彼は、パーソナリティを気質と性格という2つの構成体からなるととらえ、それぞれの下位次元に気質4次元と性格3次元を配したモデルを提出している（図3-7）。クロニンジャーによると、気質4次元は性格3次元より遺伝規定性が相対的に高く、なかでも新奇性追求、損害回避、報酬依存はそれぞれに、ドーパミン、セロト

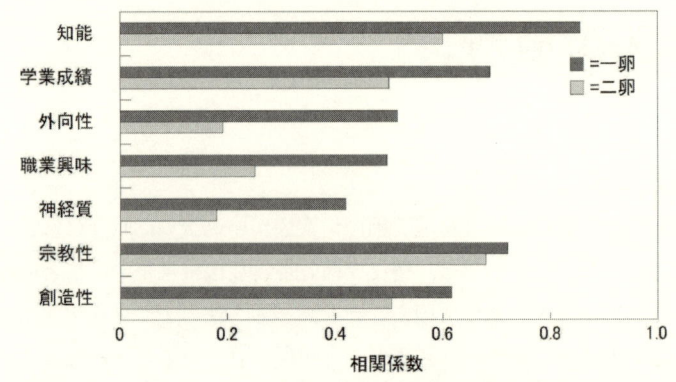

図3-6　いくつかの心理的特徴における双生児の類似性（安藤による）

3章 性格の心理学

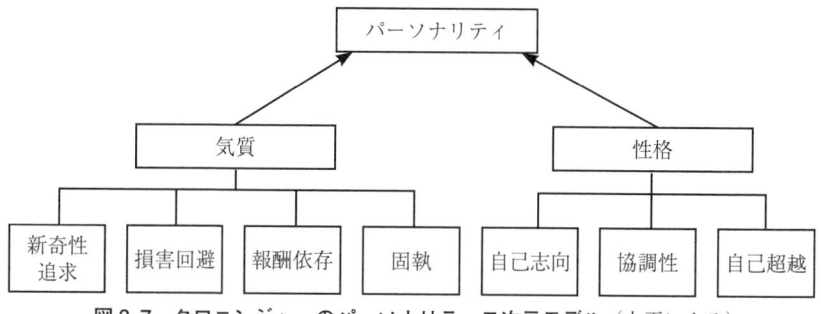

```
                    パーソナリティ
                   ↗           ↖
              気質                性格
         ┌────┼────┬────┐    ┌────┼────┐
       新奇性  損害  報酬  固執  自己  協調性 自己
       追求   回避  依存      志向       超越
```

図3-7 クロニンジャーのパーソナリティ7次元モデル（大平による）

ニン，ノルエピネフリンという脳内の神経伝達物質の代謝と関連があるという。そして，この想定を実証するかのように，新奇性追求とドーパミンD4受容体の遺伝子多型との関連，損害回避とセロトニン・トランスポーターの遺伝子多型との関連などが報告されている。しかし，確かな知見が得られているというわけではなく，このような神経生理学的研究のさらなる進展が期待されている。

2 環境要因

今後，性格に関する遺伝子レベルでの研究も急速に進み，遺伝子という視点から人間の心や行動に関する理解を深めることができるようになるであろう。ただし注意する必要があるのは，遺伝子と心や行動との短絡的な結びつけである。図3-6にみたように，性格特性の類似度は一卵性ですら0.5程度である。ということは，環境の働き（効果）も大きいということである。

性格形成に関わると予想される環境要因には，①親の要因（年齢，教育歴，職種，収入，価値観，性格），②家庭や家族の要因（家庭の雰囲気，家族構成，きょうだい，出生順，親の養育態度），③育児の要因（授乳や離乳の仕方，基本的生活習慣のしつけ），④友人関係や学校関係，職業の要因，文化社会的要因（生活様式，価値基準，政治形態）など，さまざまなものがある。なかでも親の養育態度の影響は大きいといわれており，多くの研究がなされてきた。

サイモンズは，親の養育態度を支配―服従，保護―拒否という2つの次元の組み合わせにより，かまいすぎ型，残忍型，甘やかし型，無視型の4つの態度に分類している。サイモンズの研究やその他の研究にもとづいて，親の養育態度と子どもの性格との対応関係をまとめたものが図3-8である。同じ親に育

てられたからといって，同じような性格になるとは限らないが，子どもがどのような家庭環境にあったかは，その後の発達（性格形成）に少なからぬ影響を与えるものと考えられる。

近年，遺伝要因と環境要因との絡み合いに関する興味深い実証的な研究結果がカスピらによって報告され，大きな関心をよんでいる。その研究では，親からの被虐待経験の程度（育ち）とモノアミン酸化酵素A（MAOA）という遺伝子の違い（生まれ）が取り上げられ，反社会的行動の出現に対するこれら2要因の関連が検討された。結果は図3-9に示すように，活性の低いMAOA遺伝子をもつ者は，重篤な虐待を受けると高い頻度で反社会的行動がみられるが，虐待を受けなかった場合には，活性の高いMAOA遺伝子をもつ者とあまり変わらず，反社会的行動の出現が少なかった。つまり，活性の低いMAOA遺伝子をもつ者であっても，虐待を経験しなければ反社会的行動につながりにくいということである。追試の必要性が指摘されているが，育ちという環境要因の重大さを改めて問うていると理解することができる。

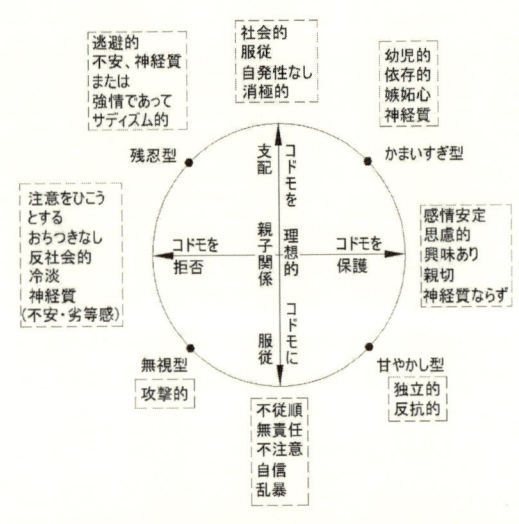

図 3-8　親の養育態度と子どもの性格との関係
（宮城による）
※ 点線の枠内が子どもの性格

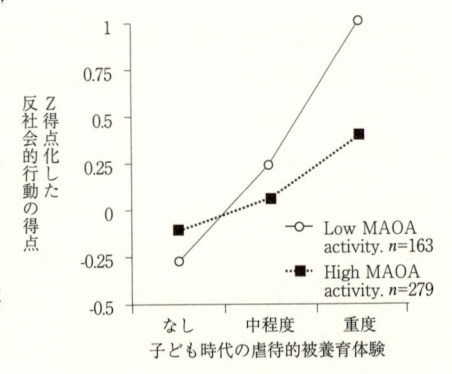

図 3-9　虐待と反社会的行動との関連
（菅原による）

トピックス3

5因子モデルと人格障害

　人格障害の世界と正常な人格（性格）の世界はどのような関係にあるのだろうか。近年，人格障害を正常な性格の理論である5因子モデルによってとらえようとする試みが行われている（5因子モデルは p.45 を参照のこと）。アメリカ精神医学会の診断基準であるDSM-Ⅳ-TRによると，人格障害は大きく3つの群に分けられる（表3-6）。A群には，妄想性，シゾイド（分裂病質），失調型（分裂病型）が含まれる。B群には，反社会性，境界性，演技性，自己愛性が含まれる。そして，C群には，回避性，依存性，強迫性が含まれる。オコナーは，以前に発表された33の研究データを統合して再分析したところ，人格障害が5因子モデルで解釈できる4つの因子に分かれることを見出した。表3-6に示すように興味深い対応関係がみられており，5因子モデルにおける4つの次元は，人格障害を構造的に理解するうえで有益であると考えられる（「経験への開放性」は特記すべき関連を見出せなかった）。人格障害の輪郭を正常な性格の次元を用いて描けるということは，人格障害の世界と正常な性格の世界とは矛盾しないということなのかもしれない。

表3-6　人格障害と5因子モデルの関連（杉浦による）

		ビッグ・ファイブ				
特徴		情緒不安定性	外向性	開放性	調和性	誠実性
A群						
妄想性	疑い深さ，他者への不信				−	
シゾイド	他者へ無関心，感情の限局		−			
失調型	風変わりな知覚，行動					
B群						
反社会性	他者の権利の侵害，無責任				−	
境界性	対人関係，自己像，感情の極端な不安定さ	＋				
演技性	他者の注目を得るための行動		＋		−	
自己愛性	特権意識，賞賛欲求				−	
C群						
回避性	否定的評価に過敏，関係の回避	＋	−			
依存性	他者へのしがみつき，分離不安	＋				
強迫性	秩序への拘泥，細部にとらわれる					＋

＋ 正の相関　− 負の相関

4章 認知の心理学

1節 認知心理学とは

1 認知心理学の背景

　人間は視覚をはじめ，聴覚や嗅覚，体内感覚などの感覚から，自分を取り囲む環境の情報を取得する。そして自分のもっている知識や経験，その時の状態など様々なものの影響を受けながら，取得した情報の内容を知覚，理解し，判断を行ったり，その内容を自分の経験として記憶にとどめたり，何らかの行動を行ったりする。こうした一連の心の働き，高次精神過程を対象に研究するのが認知心理学である。

　心理学研究室を世界で初めて開設したヴントは哲学から脱却し，各人が経験することや意識を対象として心理学を定義し，内観法による研究を行った。その後，ワトソンは内観法を客観的な自然科学の方法ではないとし，誰からでも観察できる行動を対象とした。そして意識のように客観的に観察できない内的な心的過程は研究の対象とせず，刺激と反応の対応関係を重視するS-R連合理論を主とする行動主義的心理学を提唱した。

　その一方で行動主義では対象外とされた内的要因を含めた心的過程の研究をゲシュタルト心理学者などが行い，認知心理学成立に向かっての土壌を育んでいた。また行動主義心理学の研究が進展するにつれ，人間の内的要因を除外して高次精神過程を研究することの限界が認識され，刺激と反応の間の媒介を重視する立場が現れてきた。

　1950年代以降になると，コンピュータの開発，普及がすすんだ。コンピュータの発達にともなって情報処理理論が登場し，神経生理学のめざましい発展と合わせて，人間の精神的機能（特に脳機能）への探究心が高まった。こうした

背景の下に，人間の内的な処理過程を研究の対象とする認知心理学が成立することとなった。外部から客観的に観察可能な行動のみを取り扱っていた行動主義的心理学と認知心理学の最大の相違は，直接的に観察することができない内的な処理過程について研究の対象としているところであるといえよう。

2　情報処理アプローチ

　人間の認知処理過程はわれわれが外部の環境からの情報や自身の内部から生じる情報について処理する過程，つまり情報処理過程と捉えることができる。情報処理という考え方の例として，身近な情報処理システムである携帯電話について考えてみよう。携帯電話は，マイクやボタンといった入力装置，スピーカーや液晶画面という出力装置，アンテナという入出力を兼ねる装置，全体をコントロールするコンピュータを備えている。つまり情報の入出力と処理のための装置，ハードウェアを備えているのである。

　しかしハードウェアだけでは携帯電話は動作しない。携帯電話の電波は常時飛び交っているが，その中で，自分の番号あての電波のみに反応する。つまり情報の内容を処理し，それによって応答するかしないかの動作が決められる。こうした電話機の動作は情報の内容と記録されているデータと照合し，適した反応をするよう作られたプログラム，すなわちソフトウェアの働きによる。ハードウェアとそれを制御するソフトウェアによって携帯電話の機能は達成されている。

　さて，人間を情報処理システムとして考えた場合，ハードウェアは脳を代表とする私たちの身体そのものである。特に脳は情報の処理に中心的な役割を果たす装置と考えることができる。そしてソフトウェアとして情報を処理する機能を担うのが心の働きである。まず，感覚受容器から情報が入力される。感覚から入力された情報は知覚や注意という過程による処理を受け，次いで認知処理過程における高次の処理を受けることとなる。ここでは自分の過去経験や知識と照らし合わせ，入力された情報についての判断などの処理が行われる。そして何らかの行動などの出力が行われたり，新たな経験として記憶に蓄えられたりする。認知心理学はハードウェアとしての脳の働きを踏まえ，ソフトウェアとしての機能を果たす心の働きを研究しているといえる。

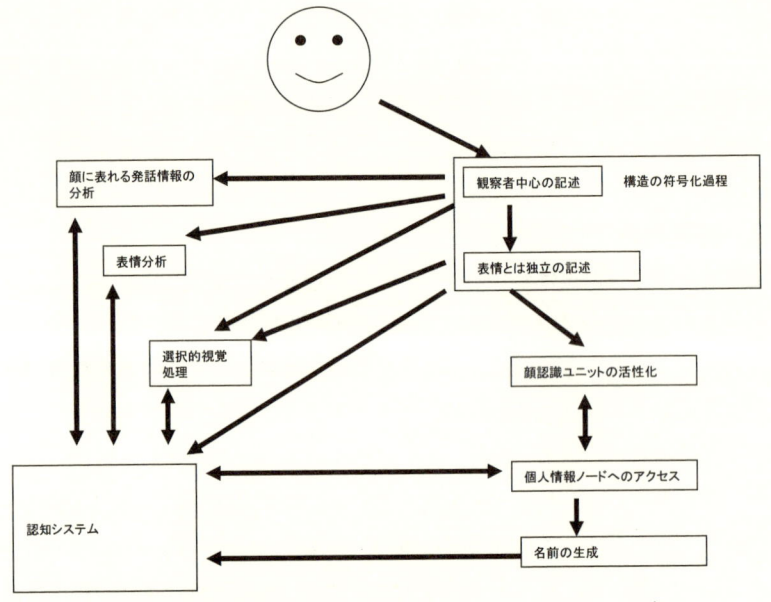

図 4-1 顔の認知モデル（ブルース＆ヤングによる，1986）

3 認知モデル

　認知過程はその働きそのものを客観的に観察することができないため，ブラックボックスとよばれる。ブラックボックス内部で行われる処理については，入力される情報と出力される結果から内部で行われる処理を推測することしかできない。そこで，認知過程でどのような処理が行われているか，仮説を立てる必要が出てくる。仮説は認知過程で生じる現象を適切に説明し，現象についての観察・測定結果を予測するモデルとして構築される。認知過程のモデルはモジュールとよばれる機能単位によって構成される。例として図にブルースとヤングによる顔認知のモデルを示した。視覚系から入力された情報から顔を認知するまでのモジュールが仮定されている。各モジュールは様々な認知心理学的課題によって検討され，モデルから予測される結果と，実際に得られた結果とを比較し，そのモデルを検証する。このような仮説演繹的な方法によってブラックボックス内部の処理過程に関する研究が行われるのである。

2節 注意

1 注意

　先ほどの携帯電話の例を思い出してもらいたい。携帯電話では膨大な電波のうち，入力された携帯電話用の周波数の自分あての情報を含んだ情報のみ選択され，最終的に処理されていく。では人間はどうだろうか。人間が外部から情報を取得するとき，各感覚器官にあった適刺激が入力され，それらは感覚器官において神経信号に変換される。たとえば眼に一定の波長の光が入力されれば，視覚システムの中で処理されていく。入力される視覚情報は膨大な量であるが，人間は感覚受容器から取得する外部環境の情報すべてについて処理を行うわけではなく，その一部について処理を行い，その内容を理解したり，行動を起こしたりする。大勢の人が話をしている騒がしい環境でも，自分の名前が呼ばれたとき，それがすっと聞こえることがある。このような多くのノイズの中から特定の情報のみが取り出される現象をカクテルパーティー現象という。感覚器官は常にさまざまな刺激を受けているが，その中の一部だけが認知処理を受けるのである。こうした情報の取捨選択のプロセスを注意とよぶ。注意を研究するための実験パラダイムのひとつとして両耳分離聴という方法がある。たとえば，左右の耳に異なる内容の文章を聞かせ，一方の内容に集中するよう教示したとき，もう一方の内容はほとんど理解されない。すなわち，注意が向けられていない対象はその後の処理がほとんどなされないのである。

2 注意の範囲

　我々が一度に処理できる情報は限られている。たとえば光点のような単純な対象を100ミリ秒以内で呈示したとき，その個数が正しく報告されるのは7個程度である。これは一度に注意を向けて把握することができる注意の範囲（直接把握範囲）であると考えられている。ミラーは注意以外にも複数の単語などを順に一回だけ聞かせ，一通り聞き終わったらすぐに再生するという記憶課題などにおいて，正しく報告される回答の数が7±2であることに着目した。そ

してこれが情報の処理容量を示していると考え，マジカルナンバー7とよんだ。また文字のような対象の場合，正しく報告されるのは4，5個程度である。前者は対象の有無を検出する場合であり，後者はその内容が何であるか認知する場合である。これらは情報処理には一定の容量が存在することを示している。

3　感覚記憶

　文字を短時間呈示して何の文字があったか報告を求めるとき，報告される対象の数は平均して4，5個であるが，この方法は呈示されたもの全てを報告の対象としているので全体報告法とよばれる。このとき，観察者はもっと多くの文字を見たが，報告する前に消失したという報告をする場合がある。つまり，感覚情報の内容の認識ができないうちに消失しているのである。実際にはそれよりも多くの刺激が認識されていたと考えられる。そこでスパーリングは部分報告法という工夫を用いて検討を行った。

　部分報告法では複数の文字を並べて表示し，その表示領域をいくつかに分割する。そして合図によってそのいずれかの領域に含まれる文字に注意が向けられ，その文字が何であるか報告される。部分報告法ではどの領域の報告を求めるかは事前に分からないため，合図が行われたときには報告された数よりも多い対象が報告可能であると考えられる。その数は文字の提示から一定の時間内に合図がなされる場合に全体報告法で得られる回答数よりも多くなる。したがって，部分報告法では文字の提示の後，全体の情報をほぼそのまま保持し，その後に合図によって指示された部分に注意をあて回答していると考えられる。

　この入力された情報を蓄えておく機能を感覚記憶とよぶ。視覚情報を一時的に保持する感覚記憶を"アイコニックメモリー"とよび，保持される内容は"アイコン"とよばれる。スパーリングの実験は，報告すべき部分を指示する合図までの遅延が約1秒になったとき，部分報告法の成績が全体報告法の成績と差がなくなることを示しており，この結果からアイコンは約1秒間保持されると考えられる。ただし，この持続時間は対象が短時間呈示され，その後に対象の認知処理を損なうような情報の入力（マスク刺激という）がない実験的に統制された場合の保持時間であり，もしマスク刺激が入力されれば保持時間は短縮される。

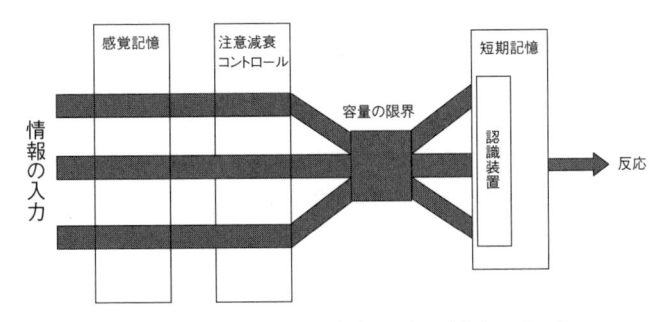

図 4-2 トリーズマンの注意モデル（森らによる）

同様の感覚記憶が聴覚においても検討されており，こちらは"エコイックメモリー"とよばれ，保持される内容は"エコー"とよばれる（ナイサー，1967）。エコイックメモリーの保持時間に関しては諸説あり，100ミリ秒程度とするものから6，7秒前後保持できるとしているものもある。

4 注意の理論

注意の研究において様々なモデルが構築され検討されてきた。ブロードベントは認知過程のどこかに処理能力に制限のある直列処理を行う部分があり，そこで注意されないものはそれ以上の処理を受けないという注意のモデルを提案した。処理容量に制限のある部分をボトルネックといい，他の処理過程の処理効率がどれだけ高くてもボトルネックとなる過程の処理容量が全体のパフォーマンスに影響を及ぼす。これは注意による処理能力の制限をうまく証明することができる。しかしブロードベントのモデルは注意が向けられていない情報の入力からも意味処理過程に影響を及ぼすことがあるという知見をうまく説明する

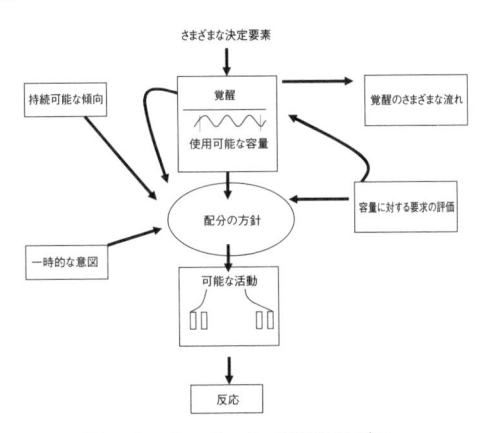

図 4-3 カーネマンの注意モデル
（森らによる）

ことができない。そこでトリーズマンやノーマンは，選択されていないものも減衰したり，処理が行われた後で選択されるモデル（図4-2）を提唱した。

注意の容量には上限があるが，我々は運転をしながら同乗者と会話をするなど，同時に複数の処理をすることが可能である。カーネマンは，注意資源は分割することができ，心的努力によって複数の課題にそれぞれ注意を向けることができるので，並列処理が可能であるとした。注意の配分についての研究では，同時に二つの課題を行う二重課題が用いられる。

5　自動処理とアクションスリップ

車の運転など，最初は難しくて集中しなければできなかったことが，慣れるにしたがってそれほどの集中を要しなくなる経験はないだろうか。ある課題の処理を何度も繰り返すことにより，その処理に必要とする注意資源は減少していく。注意を必要とする処理をコントロール処理という。最終的に注意資源をほとんど必要としなくなった処理過程を自動処理とよぶ。

さて，人間は普段からよく行う行動を特に注意しなくても実行できるようになるが，時としてその過程でエラーを生じることがある。これはアクションスリップとよばれ，心的努力を要しないほど自動化された処理が周囲の状況変化に対応できず，自動化された手続きのまま行動したり，他の行動を行っているときに現れたりする現象である。

6　パターン認知

注意を向けられた情報は，その内容を理解するプロセスに移る。たとえば文字を理解する場合，パターン認知とよばれるプロセスによって入力された情報にどのような文字が含まれているか認知される。ここではパターン認知のモデルについて，鋳型照合モデルとパンデモニウムモデルの二つを紹介する。

鋳型照合モデルは特定の意味を付与する情報の特徴（鋳型）が記憶の中に貯蔵されていて，入力された情報と照合し，もっとも特徴が一致した鋳型の内容が認知されるというモデルである。しかし，鋳型照合モデルは入力されるすべての情報の鋳型を記憶に貯蔵する必要があり，また入力された情報と鋳型の向きが異なると，照合できなくなってしまったり，時間がかかってしまう可能性

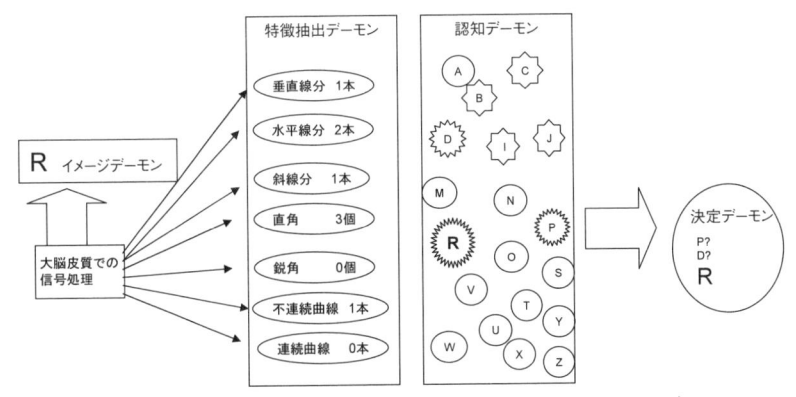

図4-4 パンデモニウムモデル（リンゼイ＆ノーマンによる）

がある（ナイサー, 1967；リンゼイ＆ノーマン, 1977）。

　パンデモニウムモデルでは，デーモンと名づけたモジュールが認知プロセスを構成している。入力された視覚情報はまずイメージデーモンがそれを記録する。そして記録されたパターンの中から特徴抽出デーモンが直線や曲線などのそれぞれにあった特徴を抽出する。認知デーモンは文字などに含まれる特徴と特徴抽出デーモンの反応を比較し，多く一致すればするほど大きな反応を生じる。そして決定デーモンは認知デーモンの反応のうち，もっとも大きな反応を採用する。このモデルでは鋳型照合モデルのように入力されると考えられる情報すべてに対応した鋳型を用意する必要はなく，より少ない資源で認知処理を説明することができる。

3節　記憶

1　記憶とは

　認知処理過程においては，外部から得た情報と既存の知識や経験と比較・判断したり，その情報を新たな知識や経験として貯えたりすることが行われる。これらの働きが記憶である。

　記憶は入力された情報を記憶システムが取り扱うことのできるコードや記憶表象とよばれる形に変換し蓄えるプロセス（記銘，符号化），蓄えられた情報を

保持するプロセス（保持，貯蔵），情報を取り出すプロセス（検索・想起）によって成り立っている。そして，記憶が保持される時間の長さや記憶される内容，また，記憶の働きを意識することが可能であるかどうかによって分類することができる。様々な機能をもったシステムとして，記憶は成立しているのである。

記憶を研究するに当たって用いられる課題には，再生法，再認法，再学習法などがある。まず，再生課題は記銘した内容をそのまま想起し報告する課題である。再認課題は記銘された内容と呈示された内容が同一であるか判断する課題である。一般に再認課題のほうが再生課題よりも記憶成績がすぐれるが，これはそれぞれの課題に必要とされる処理過程が異なっているためと考えられている。再学習法とは記銘すべき対象を全て覚えるまでにかかったくり返しの数を記録し，次に同じリストを全て覚えるときにはじめと比較し，どれくらい少ない回数で覚えることができたかという節約率を指標とする方法である。再学習法は想起することができなくなったような記憶痕跡を評価することができるなど，再生法や再認法では測ることのできないものも測定することが可能である。

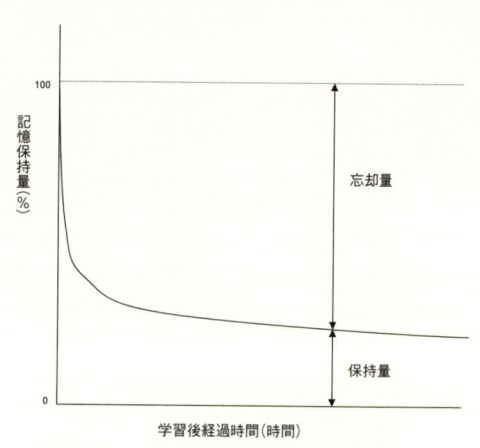

図 4-5　エビングハウスの忘却曲線
（小川・椎名による）

2　初期の記憶研究

記憶の科学的研究は，エビングハウスによってはじめられた。エビングハウスは無意味綴りを用いた系列学習（対連合学習）を行い，保持時間による忘却率の変化について研究した。保持時間を様々に変えてみると，記銘から再生までの時間が一日以内の短いうちは，保持時間が長くなるにつれ急速に記銘内容が多く損失されるが，一日以上の遅延になると，そこからの記銘内容の損失の度合いはそれほど変化しない。この結果は忘却曲線（図 4-5）とよばれ，後の

記憶研究に大きな影響を与えた。

　より日常に近い記憶の研究を初期に行ったのはバートレットであった。バートレットは，意味のある材料として物語を用いた研究を行った。物語を用いた再生課題では，実験参加者の回答に特徴的な変化が生じる。それは細部の省略や話の筋の合理化，特徴的な出来事の強調などである。人間の知識はスキーマという過去経験をまとめて構造化したものであり，これらの変化はスキーマを参照して矛盾があると，それを解決するように記憶された物語に変容が生じたためであると考えられている。バートレットの研究も今日の記憶研究に大きな影響を与えている。

3　二重貯蔵モデル

　記憶は保持される時間の長さなどの特徴によって分類することができる。アトキンソンとシフリンは，記憶を短い時間の間，限定的な量を保持する短期貯蔵庫と長い期間の間，ほぼ無制限の量を保持できる長期貯蔵庫によって構成される二重貯蔵モデルを提唱した。このモデルでは，外部から入力された感覚情報のうち，注意を向けられたものがまた短期貯蔵庫へ入れられる。短期貯蔵庫は容量に限界があり，保持時間は短い。そして短期貯蔵庫に情報を維持するためには，情報を繰り返すことによって消失しないようとどめるリハーサルが必要である。このリハーサルを行うと短期貯蔵庫から長期貯蔵庫へ転送される確率が高くなる。保持時間や容量に制限のある短期貯蔵庫に対し，長期貯蔵庫には容量の制限がなく，ほぼ永久的に貯蔵される。この二重貯蔵モデルで仮定された短期貯蔵庫，長期貯蔵庫は，それぞれ短期記憶，長期記憶と言い換えることができる。

4　短期記憶

　短期記憶が保持できる情報の量は 7 ± 2 個程度とされ，スロットとよばれる情報を保持するための場所がこの個数あると仮定されている。スロットは単一の情報のみを保存できるのではなくて，何らかの情報によって関連付けられたまとまり（チャンク）を貯蔵する。「0141029」という数列について数字を個々で覚える場合は，これですべてのスロットが埋められてしまうが，「おいしい

お肉」とチャンク化した場合はひとつのスロットを埋めるのみで済み，他の情報も同時に保持することができる。

　短期記憶はリハーサルを行うことで維持され，リハーサルを行わなくなると情報が失われていく。二重貯蔵モデルでは情報を維持するリハーサルのみをモデルに組み込んでいるが，たとえばクレイクとタルビングは反復を行うだけのリハーサルと意味的な処理を行った場合に，意味的な処理を行った場合の方が再生率がよいことを示している。したがってリハーサルには単に情報を保持する維持リハーサルだけでなく，記憶を既存の知識と結びつける意味処理の色合いの強い精緻化リハーサルがあると考えられている。二重貯蔵モデルは短期記憶を保持する機能としてのみ捉え，情報処理機能について説明ができない。そこで短期記憶に代わって情報処理機能を組み込んだワーキングメモリーモデル（Baddeley & Hitch, 1974）が提唱されている。

5　ワーキングメモリー

　2桁のかけ算を暗算で行うとき，多くの人は自分のもつ知識を利用し，一桁ずつ計算して，最後に各桁の積を足し合わせる。このとき，自分のもつ知識から解答を導く処理と，演算結果を一時的に保持する記憶の二つの処理を必要としている。高次精神過程にはこのように処理機能を備えた記憶のモデルが必要であり，短期記憶という概念は処理的側面を含んでいない。そこで近年では処理的側面を重視したワーキングメモリーモデルが提唱されている。ミヤケとシャーはワーキングメモリーを「作動記憶とは複雑な認知課題の遂行に必要な課題関連情報の制御と積極的な保持を担うメカニズムであり，プロセスの集合体である。これらは単一のシステムではなく，複数のコードをもち，複数のサブシステムから成立する」と定義している。ワーキングメモリーについてはさまざまなモデルが提出され

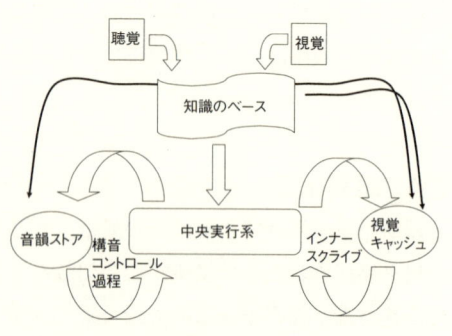

図4-6　ワーキングメモリーのモデル例
　　　（ロージーによる）

ているが，ここではバドリーのモデルをもとに紹介する。

図4-6に示したように，ワーキングメモリーモデルは長期記憶の表象を活性化したり，各機能の調整等を担う中央実行系と情報の保持を担当する下位システムから構成される。下位システムは視覚的な情報を取り扱う視空間スケッチパッドと音声情報を扱う音韻ループからなる。視空間スケッチパッドは，視覚的コードによって構成される情報の保持・処理を行っている。それぞれ視覚キャッシュとインナースクライブというモジュールが仮定されている。音韻ループは音声的なコードによって構成される情報の保持・処理を行っている。それぞれ音韻ストアと構音コントロール過程というモジュールが仮定されている。

ワーキングメモリーは二重課題によってそのモデルが検討されており，視空間スケッチパッド，音韻ループという概念を検証する研究が行われている。しかし中央実行系については有効な検討手段が開発されておらず，今後の研究の発展が期待される。

6 長期記憶

自身の経験した出来事を後に思い出したり，言葉の意味を覚えていたりする機能は，長期記憶の働きによる。長期記憶は保持される時間が非常に長く，また容量もほぼ無制限であるとされている。

長期記憶は性質によっていくつかに分類されている。昨日何をしたかといった出来事に関する記憶は，エピソード記憶とよばれる。エピソード記憶は自己の経験した出来事に関する情報が貯蔵される。記憶の科学的研究をはじめたエビングハウスの忘却曲線は，保持時間が記憶の成績に影響を及ぼすことを示している。そしてこの曲線どおりに我々の記憶が失われていくのであれば，最終的に忘却されてしまう。しかし，その後の研究では，記憶は完全に忘却されるよりも記憶の中から検索できなくなることが示唆されている。また，必ずしも記憶内容が完全な形で永続的に保たれるわけではなく，一旦記憶した内容が後から入力される情報によって影響を受けることもある（ロフタス，1979）。

また言葉の意味など辞書的な機能を果たす意味記憶も，長期記憶のひとつである。たとえば「つくえ」という単語の意味は記憶から検索される。しかし，この単語をいつ，どのような状況で覚えたのか想起できることは稀である。意味記憶

はネットワーク構造をもった知識体系として蓄えられていると考えられている。

エピソード記憶と意味記憶の違いは、経験し、貯蔵している事象が、いつ生じたものであるか想起できるところにある。エピソード記憶、意味記憶は言葉で説明することができるので、これらは宣言的記憶とよばれる。宣言的記憶とは対照的に言語で説明できない記憶もある。自転車の乗り方など言語で説明することが難しい身体動作などに関する記憶は手続き記憶とよばれる。

意味記憶、手続き記憶は貯蔵されている情報を利用するとき、「思い出している（想起している）」という意識を伴わずに利用することができるため、潜在記憶とよばれる。潜在記憶は記憶システムの基礎的構造をなしていると考えられる。そのため、比較的早い段階から発達し、日常生活を支えている。

想起している意識を伴わない潜在記憶は、プライミング課題とよばれる工夫した実験パラダイムを用いて研究が行われてきた。プライミング課題では、覚えるという意図をもたない偶発学習事態となるように教示を行う。そして記憶のパフォーマンスを探るためのターゲットとなる課題を行うターゲット刺激と、ターゲット刺激に先立って提示されるプライミング刺激を課題に用いる。課題は文字の形や意味の判断など、記憶を測定されていることがわからない課題を用いる。そして、プライミング刺激とターゲット刺激が同じ、もしくは意味的・形態的に関連のある場合に反応速度や課題への正答率が上昇したり、反応時間に影響を及ぼす現象をプライミング効果とよぶ。脳障害などによってエピソード記憶の能力が低下してもプライミング効果が生じることがあり、潜在記憶と顕在記憶の乖離を示している。

4節　まとめ

これまで述べてきたように我々の日常生活は外界の情報を取り入れ、その内容を過去経験と照らし合わせて吟味し、状況に合わせた判断を行って行動に反映したり、新たな経験や知識を獲得したりするなど、認知的活動に支えられている。そのため、認知心理学の対象となる事象は非常に広範囲にわたる。本章では認知心理学的研究の一部を紹介したが、認知心理学が対象とする人間の情報処理過程は思考などより高次の精神的活動も含んでいる。こうした高次認知

図 4-7 ハノイの塔問題

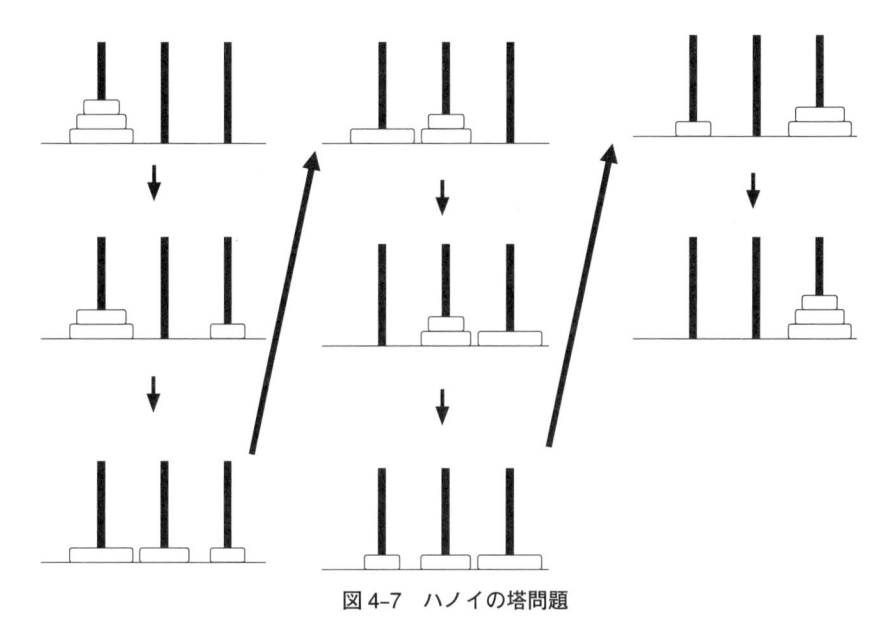

　過程では，三段論法による論理的思考の研究や，「ハノイの塔」などの課題を用いた問題解決の研究などが行われている。こうした思考過程の研究は，人間の心的過程の中でも非常に高度なもののひとつであると考えられている。

　また，最近では脳機能研究が発達し，認知心理学研究とのかかわりがさらに密接になっている。認知心理学的モデルに基づいた機能的分類と脳の活性化部位を比較することにより，モデルの検証が進められたり，脳とその役割についての研究が進められている。こうした傾向はますます活発になると考えられる。そして脳の機能を解明する上では，活性化する部位の働きを特定するために綿密な認知的モデルの構築とその検証のためのしっかりした認知心理学的実験パラダイムを開発していくことが求められるのである。

トピックス4

ワーキングメモリー研究の展開

　本文に述べたとおり，バドリーのワーキングメモリーモデルでは，中央実行系，視空間スケッチパッド，音韻ループという3つのモジュールを仮定している。このうち，視空間スケッチパッドと音韻ループはその働きを調べるための実験課題が多数開発され，様々な検討が行われている。しかし，それらをコントロールしている中央実行系は有効な実験パラダイムがなく，半ばブラックボックスとして扱われてきた。そのため，人間の認知プロセスというブラックボックスを説明するためのモデルの中に，さらにブラックボックスを配置していると批判も受けている。

　しかし，バドリーの近年の研究によってその状況に変化が生じている。バドリー（2000）では中央実行系の機能について検討がなされ，長期記憶とワーキングメモリーとの接点となるエピソディックバッファとよばれる機能がモデルの中に組み込まれた。これによって中央実行系の機能が注意とその制御，および記憶の容量に関する機能に分けられることとなった。

　そして，中央実行系の機能を検討するための実験パラダイムも工夫されてきている。そのひとつとして乱数生成課題とよばれる数字をなるべくランダムになるよう発生させる課題が検討されている。乱数生成課題は従来，単なる妨害課題として用いられることが多かった。しかし，この課題は前に言った数字を保持しながら次の数字を発声させるものであり，記憶を保持しながら判断，生成をする課題といえる。したがって生成された数列を評価することによって，ワーキングメモリーの容量と中央実行系の機能を評価するのに適した課題になる可能性がある。

　しかし，エピソディックバッファという概念も，乱数生成課題の評価法も，まだ提案された段階であり，今後，様々な批判を受けることによってその内容が検証される必要がある。

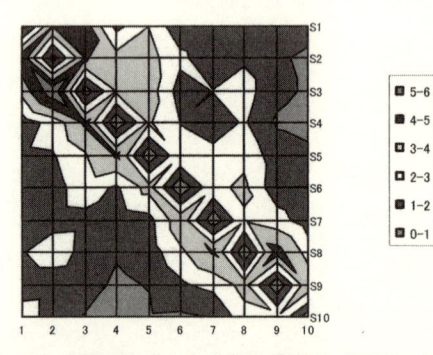

図4-8　人間が生成した乱数の分布図（板垣による）
※ 完全にランダムであれば分布は均質になるが，人間は同数の反復を避けるなどの傾向を持つため，分布に偏りが生じる。

5章 学習の心理学

1節 学習とは

1 生得的行動

　反射（たとえば，強い光をみたときや埃が目に入ったときに瞬目をする）や走性（たとえば，蛾が光に向かって飛んでいくように，ある刺激に対して身体を移動させる行動）といった，いわば遺伝的要因に基づき，生まれついてもっている行動を生得的行動という。

　生得的行動は動物の種類によって異なるが，同種ではほぼ共通した行動として観察される。たとえば，鴨や雁などは，孵化直後の一定期間に目にした「動くもの」に対して後追い反応を示す。これは親鳥にだけでなく，他の動物や人，動くおもちゃなどであっても生じる（図5-1）。このような現象を刻印づけや刷り込み，またはインプリンティングという。刻印づけは限られた期間にのみ成立し，この期間を臨界期という。ローレンツは，雁の子の孵化時に立ち会ったばかりに雁の刻印づけが成立してしまい，その後，雁の親代わりを続けた微笑ましい苦労話を，著書『ソロモンの指環』に記している。

2 習得的行動

　この本を手にとるまでの今日の出来事をふり返ってみてほしい。起床して朝食をとり，身支度を整え登校する。学校から家が近い人

図5-1　刻印づけ

は徒歩や自転車で，遠い人は電車やバスに乗ったかもしれない。これらはすべて何気ない日常の動作であり，一見何の変哲もないが，私たちが生まれてすぐにこのような行動を行えたわけではない。長い年月をかけ，経験を積み上げた結果，習得したものである。このような行動は既述の生得的行動とは区別され，習得的行動とよばれる。習得的行動は生得的行動を基にしてはいるが，過去にどのような経験をしたかによって，同種の動物の間でも個体それぞれに様相が異なってくる。

3　心理学における学習の定義

心理学における学習とは勉強するという意味ではない。「個体発生過程において，経験により比較的永続的な行動変化がもたらされること，およびそれをもたらす操作，そしてその過程」を指す。ここでのポイントは，「経験により行動の変化がもたらされる」こと，そして「その変化が比較的永続的である」ことである。私たちの行動のなかには，単純なものから複雑なものも含めて，生まれて後（後天的ともいう）の学習によって形成された習得的行動が多い。

2節　学習の形成

行動はどのように学習されていくのか。本節では，何らかの「刺激」があり，その結果「反応」や「行動」が生起する関係を探る主要な研究とその成果を紹介する。

1　試行錯誤

アメリカの心理学者ソーンダイクは，問題箱（図5-2）という課題を用意し，猫を被験体として学習の形成に関する研究を行った。問題箱の中に空腹の猫を入れ，外には餌を用意しておく。問題箱の中にはロープがあり，それを引くと扉が開いて外に出られるしくみになっている。最初のうち，猫は床を引っかいたりロープをかじったりしているが，偶然ロープに触れることで外に出られる。

何回も試行回数を重ねるうちに，徐々に猫の脱出時間が短縮していく（図5-3）。このように，最初はとりうるあらゆる手段を試み，失敗と成功を繰

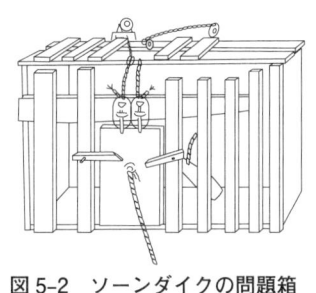

図 5-2　ソーンダイクの問題箱 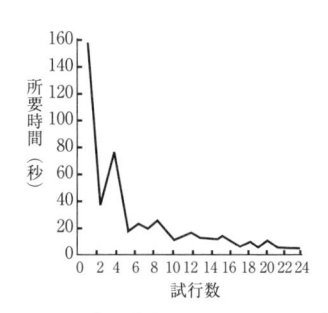　　図 5-3　猫が脱出にかかった所要時間

り返すうちに解決を見出す学習の形態を試行錯誤という。ところで，もし仮に問題箱から猫が脱出すると電気ショックが与えられるとしたらどうであろうか。この場合，ロープを引いて脱出するという学習は生起しないであろう。空腹の猫が問題箱からロープを引いて脱出するという学習が形成されるためには，外に餌という報酬があることが必要となる。このように，反応が環境に対して何らかの効果をもつことを効果の法則という。

2　条件づけ

a　古典的条件づけ　口に食物を入れると唾液が分泌される。この反射は生得的行動といえる。しかし，梅干しを想像してみてほしい。梅干しを口にしていないにもかかわらず，途端に唾液が分泌されたのではないだろうか。ただし，梅干しを知らない人がこの文字を見ても唾液の分泌は起こらないであろう。梅干しを口にしたことのある経験の有無によって，梅干しという言葉の刺激に対する反応は違ってくる。

ロシアの生理学者でノーベル賞受賞者のパヴロフは，もともとは犬を被験体として唾液腺の研究を行っていた。しかし，餌がないにもかかわらず，たとえば実験者が犬に近づいただけで犬が唾液を分泌することに注目した。本来，唾液の分泌という反応は食べ物という刺激と結びついていて，実験者という刺激と無関係のはずである。この場合の食物は無条件刺激，食物に対する唾液分泌反応は無条件反応，反応とはそもそも無関係である刺激を中性刺激という。

では，なぜ犬は実験者を見ただけで唾液分泌反応を示したのであろうか。実験者が犬に近づいた直後に餌が与えられることを，実験の反復によって犬が認

知し，結果として実験者を見るだけで唾液が分泌されるようになった可能性があるとパヴロフは考え，犬を被験体とした以下のような研究を行った（図5-4）。

メトロノーム音のような，本来唾液の分泌を促さない中性刺激を呈示し，その直後に肉粉を呈示する対呈示という手続きを繰り返す。その結果，はじめのうち，犬はメトロノーム音に対しては唾液分泌を起こさず，肉粉に対してのみ唾液分泌が生じるが，手続きが繰り返されるうち，やがてメトロノーム音に対して唾液分泌が生起するようになった。

このように，本来無関係であった中性刺激（ここではメトロノーム音）と反応（ここでは唾液分泌）が，無条件刺激（ここでは肉粉）との対呈示によって，条件反応（唾液分泌）を引き起こす条件刺激（メトロノーム音）という新しい結合を形成することを古典的条件づけという。この条件づけはパヴロフ型条件づけまたはレスポンデント条件づけともよばれる。

b 道具的条件づけ アメリカの心理学者スキナーは，スキナー箱（図5-5）とよばれる装置を作成し，パヴロフとは異なった条件づけの理論を展開した。スキナー箱の中にはキーがあり，それを押すと給餌口から少量の餌が出てくる仕組みになっている。この中に空腹の被験体（ここではハト）を入れると，は

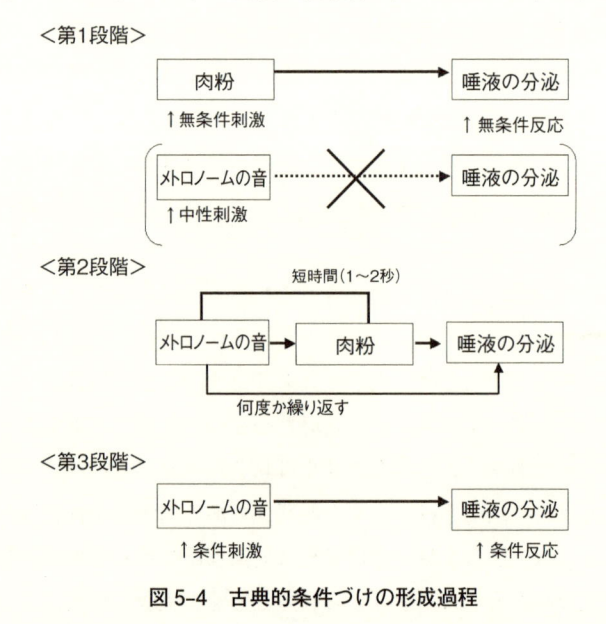

<第1段階>

肉粉 → 唾液の分泌
↑無条件刺激　　↑無条件反応

メトロノームの音 ⋯✗⋯→ 唾液の分泌
↑中性刺激

<第2段階>

短時間（1〜2秒）
メトロノームの音 → 肉粉 → 唾液の分泌
何度か繰り返す

<第3段階>

メトロノームの音 → 唾液の分泌
↑条件刺激　　↑条件反応

図5-4　古典的条件づけの形成過程

じめのうちは，ハトは箱内をせわしなく動いたり様々な場所をつついたりと試行錯誤を繰り返す。そのうち，偶然キーをつつくと少量の餌が出てくる。キーをつつくと餌が出てくることを覚えると，ハトは積極的にキーをつつくようになる。このようにある反応の生起頻度が上昇することを強化とよび，反応を生起させる刺激を強化子という。

　ここで注目すべきは，ハトのキーつつきという反応そのものが給餌口から餌が出てくるといった環境に変化をもたらしている点である。さらに，給餌口から餌が出る手段を学習した後，ハトのキーつつき反応の生起頻度は飛躍的に増加する。つまり，反応後の環境の変化が，その後の行動に影響を及ぼしている。このような条件づけを道具的条件づけという。道具的条件づけは，スキナー型条件づけ，またはオペラント条件づけともよばれる。オペラントとはオペレーション（操作）に由来する用語であり，反応（ここではハトのキーつつき）そのものが環境を変化させる操作的機能（ここではハトがキーをつつくことで給餌口から餌が出てくる）を果たしていることを強調した用語といえる。先にあげたソーンダイクの問題箱も，この道具的条件づけの先駆的な研究である。

　一方，パヴロフの提唱したレスポンデント条件づけのレスポンデントとは反応するという意味であり，反応によって環境の変化はもたらされない。オペラント条件づけに対してレスポンデント条件づけというとき，刺激に対して受動的な点が強調されている。

3　強化・消去・罰

　条件づけにおいて，反応の生起頻度が上昇することを強化といい，行動の出現頻度を増加させる刺激を強化子（または報酬）ということは前述のとおりである。一方で，一度学習された反応や行動が，強化されないことによって生起頻度が減

図5-5　スキナー箱（ハト用）

表5-1　強化と罰

正の強化 (例：良いことをすると褒められる)	正の罰 (例：悪いことをすると叱られる)
負の強化 (例：良いことをすると叱られずに済む)	負の罰 (例：悪いことをするとご褒美がもらえない)

少する，あるいは条件づけを行う以前の状態になることが起こりうる。これを消去という。反応の出現頻度の抑制は，反応することによって不快な刺激を与えられた場合でも起こりうる。このように反応の生起を抑制する刺激を罰という。いたずらをして叱られた子どもがいたずらをしなくなった場合，叱るという行為は罰の働きをしている。

　強化と罰は，さらに正と負に分けられる。刺激（正の強化子）を呈示した結果，反応の自発的頻度が上昇した場合を正の強化，不快な刺激（負の強化子）から回避あるいは逃避するために反応の出現頻度が上昇する場合を負の強化という。嫌悪的な刺激の呈示によって反応の出現頻度が抑制される場合を正の罰，反応したために正の強化子が与えられないことによって反応が抑制される場合を負の罰という（表5-1）。

4　般化と分化

　ある刺激に条件づけられた反応が，他の刺激に対しても生起する現象を般化という。アメリカの心理学者ワトソンとレイナーは，1920年にアルバートという乳児に対して，次のような恐怖反応に関する古典的条件づけの実験を行った（図5-6）。まず，アルバートに白ウサギや白ネズミ，脱脂綿，お面などを呈示しても恐怖反応を示さないが，鉄棒をハンマーで叩いた音には驚いて泣き出すことを確認した。その後，アルバートに白ウサギが近づくごとに背後で鉄棒をハンマーで鳴らして大きな音を対呈示することを何回か繰り返した。その結果，アルバートは白ウサギを見るだけで恐怖反応を示すようになった（つま

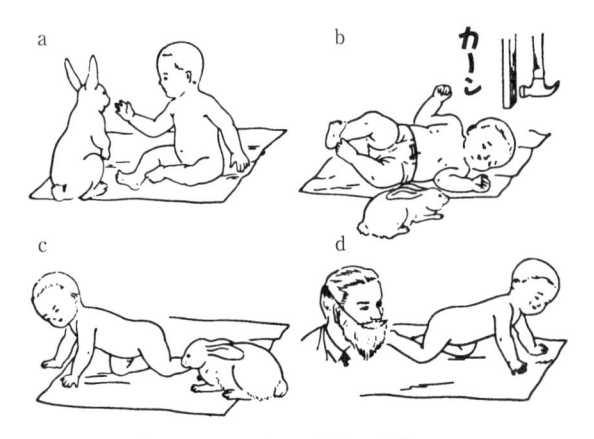

図5-6 アルバート坊やの実験

り，古典的条件づけが形成された)。さらに，アルバート坊やは白いひげや白いシーツなどに対しても恐怖反応を示すようになった。この実験は般化の現象を如実に示している（もちろん，ワトソンらが行った実験は道徳的に問題があり，現在は倫理的側面からこのような実験は行われない）。

般化とは逆に，ある条件刺激は強化し，別の条件刺激は強化しないという手続きを繰り返すと，強化した条件刺激に対してのみ反応が生じるようになる。これを分化という。

5 学習曲線

学習の結果を示すために，その経過を折れ線グラフで表したものを学習曲線という。横軸に試行回数や経過時間，縦軸に成績（たとえば遂行速度，正答数，誤答数など）をとる。先にソーンダイクの問題箱で示したグラフは学習曲線であり，経験を繰り返すことで徐々に脱出時間が短くなっていく経過を観察することができる。

図5-7に様々な学習曲線を模式的に表した。(a)～(e)は，横軸に試行回数，縦軸に遂行速度や正答数をとった場合にみられる代表的な学習曲線である。また，縦軸に所要時間や誤答数などをとれば，(a)'～(e)'のような学習曲線が得られる。(a)では，試行回数を重ねる度に学習がコンスタントに形成されている。(b)は，はじめに飛躍的な学習の成果が現れるが，学習が続くと進歩が遅くなる。(c)

は、学習の初期は進歩が遅いが、徐々に進歩の割合が増大する。(d)や(e)では一度学習の形成がスムーズに進む時点と、停滞する時点を観察することができる。この停滞はプラトーまたは高原とよばれる。プラトーは、課題に対する動機づけが低下した時や適切な学習方法の獲得に失敗した際などに生起する。プラトーを脱却し再び学習の成果をあげるためには、これらを克服する必要がある。たとえば、野球でバッターの打率が伸び悩んだ際（プラトー状態）に、今までのフォームを捨てて新たなフォームを習得し成績が伸びた場合は、適切な学習方法を獲得したことで再び学習の成果が現れた好例といえる。

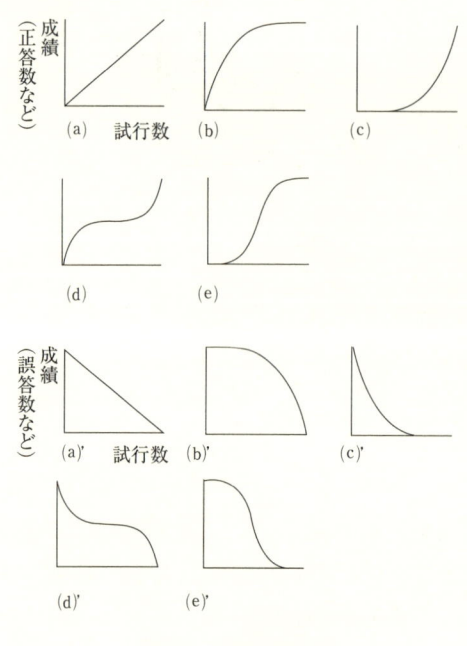

図5-7　学習曲線の例

3節　さまざまな学習

1　知覚＝運動学習

　自動車のマニュアル運転を想像してほしい。走行中にシフトチェンジをするとき、一般的な右ハンドル車の場合は、まず右足の力を緩めてアクセルを戻し、左足に力を入れてクラッチを踏み込み、左手でシフトチェンジをし、左足の力を抜いてクラッチを戻し、右足のアクセルを踏み込む、という動作を順序どおりに行う。マニュアル車を運転できる人や慣れた人にとっては極めて簡単で、一連の動作を僅かな時間で滑らかに行えるが、運転できない人には困難であろう。

5章 学習の心理学

このような滑らかな動作ができるようになるまでには，五感から知覚した状況に対して動作し，その動作の結果を知り，動作を修正するということが行われている。このようにして行われる学習を知覚＝運動学習という。

知覚＝運動学習は，知覚＝動作学習，感覚＝運動学習，あるいは単に運動学習といわれることもあり，「環境や具体的刺激状況の知覚に基づいて有機体が身体的動作を協応させること（知覚＝運動協応）によって，個々の反応がまとまりのある知覚＝運動系列に統合され，正確さや迅速性，安定性，適合性（知覚＝運動順応）を獲得すること」（中島義明他編：心理学辞典）と定義される。歩行，歯磨き，箸使いなど日常生活に欠かすことのできない基本動作も，スポーツの技術や楽器の演奏などの複雑な動作も，知覚＝運動学習の結果である。

知覚＝運動学習の実験的研究として鏡映描写があげられる。鏡映描写は，視覚と運動の協応動作の学習であり，鏡に映った二重線で描かれた幾何学図形をみながら二重線のあいだからはみ出すことなく，なるべく速く鉛筆などでたどるという課題である。実際には下方向にたどって鉛筆を進めても，みえ方は上方向へたどっており，右方向へたどった場合には右方向へたどっているようにみえる。つまり，上下のみ逆さまになった状態で課題を進めていく。

図5-8は課題図形の例であり，図5-9は課題図形を鏡映描写器に載せて課題を行っている模式図である。鏡映描写器に課題図形を載せると遮蔽板によって手元がみえないようになっている。練習の初期段階では，はみ出したり，鉛筆

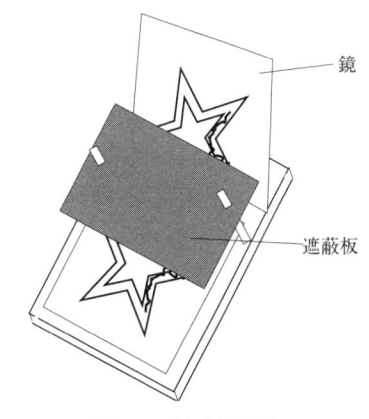

図5-8 課題図形　　　　　　　　　**図5-9 鏡映描写器**

を止めてしまったりして，課題を終えるまでに時間がかかるが，練習を重ねるとはみ出すこともなく課題遂行までの時間が短縮していく。

　また，鏡映描写を用いた実験研究に学習の転移がある。学習の転移とは前に学習したことがその後の学習に影響を及ぼすことをいう。前に学習したことが，後の学習を促進させることを正の転移，反対に妨害させることを負の転移という。たとえばスケートができる人が初めてスキーをすると上達が早い。これは，正の転移であり，滑るという運動を学習する際に最も困難である重心の保ち方が似ていることに起因すると考えられている。反対に硬式テニスをしていた人が軟式テニスを行うと，うまくプレーできないことがある。硬式と軟式ではラケットの持ち方（グリップ）が違うため，ラケットの扱いがうまくいかなくなってしまう。これは負の転移である。

　一般的な鏡映描写を用いる学習の転移の実験は，非利き手で練習を行った後に，利き手で練習をした場合，非利き手の練習効果が利き手による遂行に影響を与えているのかどうかを検討するというものである。具体的には，まず利き手で2回試行する（うち1試行は練習試行）。その後に非利き手で10回試行し，さらに利き手で3回試行するというものである。その結果が図5-10のようになれば学習の転移が認められたことになり，反対に図5-11のようになった場合は学習の転移は認められなかったことになる。

　学習を行う際に途中で一定期間休息をとると，休息前より成績が伸びることがある。このことをレミニッセンスという。特に，運動場面では顕著にみられることがある。その原因として，休息により疲労が回復する，学習する際の妨

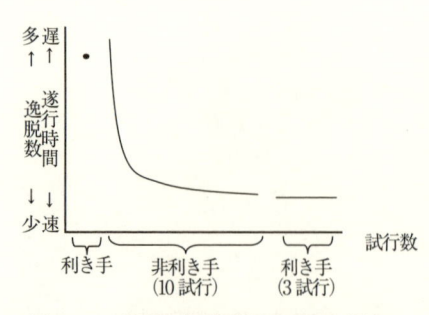

図5-10　学習の転移が認められた場合 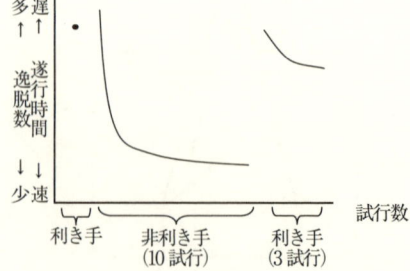　　図5-11　学習の転移が認められなかった場合

害的な要因が消失する，記憶痕跡が安定する，などが考えられるが，はっきりとした定説はない。

2　洞察学習

たとえば，オフィスや教室の蛍光灯が切れていることに気がつき，交換しようとするとき，新しい蛍光灯の他に脚立や椅子を用意して交換作業にとりかかるであろう。目的は蛍光灯の交換であるが，手の届かない高いところにあるため，踏み台が必要であるという認知の下，踏み台にするもの（つまり脚立や椅子）を同時に用意する。

人が学習していく過程を説明しようとするとき，欠かせないものは洞察による学習である。ケーラーは，類人猿の行動観察から，学習は試行錯誤的になされるものではなく，洞察によりなされるものであると主張した。洞察とは，問題を解決しようとするときに，「こうすれば，こうなる」というように見通しを立てて解決手段を探していくことである。ケーラーは，類人猿が手を伸ばしてもジャンプしても届かない天井からぶら下がるバナナを取るために，檻の中にある箱を積み重ねて踏み台にして解決することについて，箱やバナナの位置に対する知覚がバナナを取るという目的に合致されるように再体系化されることで突然解決に至ったとした。洞察的な行動は，解決手段が突然出現し，同じような状況時に繰り返され，忘れたり行動が消えたりしにくいという特徴があり，試行錯誤とは対照的な見解である。洞察の学習曲線は，非連続性的変化を表す悉無曲線（図5-12）となる。

試行錯誤と洞察はどちらが正しくて，どちらが間違っているというものではなく，個体あるいは学習レベルの違いで説明できる。たとえば，人がこれまで経験したことのないような新しい課題に挑むときには，試行錯誤をし，その経験から洞察をするというように，両者を交えながら学習が進むことも事実である。反対に洞察をしてから，試行錯誤をすることもあろう。この場合，試行錯誤が先か，洞察が先かという議論

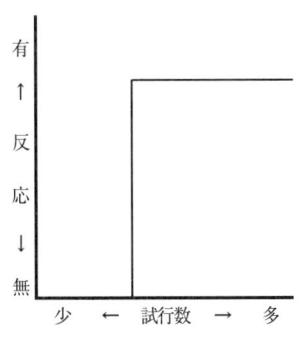

図5-12　悉無曲線の例

は"鶏が先か,卵が先か"の議論になってしまう。

　洞察学習は,これまでの経験によって得た知識や知恵を統合させることで可能になるものである。

3　モデリング

　子どもの頃に,テレビやマンガに出てくるヒーローやヒロインの言動を真似し,将来はそのヒーローやヒロインになりたいと思った人も多いであろう。また,父親の真似をして新聞を読んでいるようにふるまったり,母親を真似てままごとをして遊んだりした人もいるであろう。これらの現象は,同一視,模倣とよばれ,発達心理学や学習心理学で研究が進められていた。バンデューラは注意や記憶といった認知的機能を重視し,これまでの概念を包括するものとしてモデリングという用語を提唱した。モデリングは,観察学習とよばれることもあり,何らかの対象を見本（モデル）として観察すると,モデルと同じような言動をするようになることである。特に子どもはモデリングにより学習し成長していくといえる。

　バンデューラは,子どもを対象に攻撃行動の観察学習の実験を行った。たとえば,攻撃行動を行うモデルが報酬を与えられる場合と罰を与えられる場合,そして何も与えられない場合のフィルムをみせる群にわけ,それぞれのフィルムをみせた後に子どもの行動を観察した。結果,報酬を与えられたフィルムをみた子どもは,罰を与えられたフィルムをみた子どもよりも攻撃行動の頻度が高かった。しかし,その後,子どもたちにフィルムでみた攻撃行動をするように求め直接強化したところ,罰を与えられたフィルムをみた子どもの攻撃行動の頻度が高くなり,結果的に報酬を与えられたフィルムをみた子どもたちとの差はなくなった。

　こうした研究から,子どもたちは直接強化を与えなくても自発的にモデルと同じような行動をとることを明らかにし,モデリングが生じるためには,強化は不可欠な条件ではなく促進条件であり,直接強化よりも代理強化の機能が重要であるとした。代理強化とは,モデルをみている観察者に与えられる強化ではなく,モデルに与えられる強化（報酬・罰）のことであり,さらには代理強化が,行動の習得よりも遂行水準に影響を及ぼすことを示した。

モデリングが生じるまでには，モデルに対して観察者が注意を向け（注意過程），観察したことを保持し（保持過程），保持したモデルの行動を再生し（運動再生過程），モデルへの代理強化などによりこの過程を動機づけること（動機づけと強化の過程）の4過程を経る。モデリングの効果について以下の項目があげられる。

(1) 観察学習効果：実際に経験しなくてもモデルを観察することにより新しい行動パターンを習得する効果。
(2) 制止・脱制止効果：すでに習得している行動が抑制されたり，反対に抑制が弱められたりする効果。
(3) 反応促進効果：観察することですでに習得している行動が触発・誘発される効果。
(4) 刺激高揚効果：モデルが不在でも適切に反応をするようになる効果。
(5) 覚醒効果：モデルの情動的な反応を観察することで観察者の情動反応を喚起する効果。

また，モデリングを用いて，すでに獲得されている不適切な行動や症状を消去するとともに，適切な行動を獲得させて問題行動の改善や症状の治療を行う技法のことをモデリング療法という。モデリング療法は，恐怖症や強迫性障害などの治療のほか，不適応行動，社会的スキル訓練など広く適用されている。

トピックス5

学習理論の応用
—行動療法・バイオフィードバック法—

　心理学の知識を活用し，何らかの問題行動をかかえる人（クライエント）や，集団および地域に対して行われる援助を総称して心理療法という。そのなかのひとつである行動療法は，学習理論に基づいた治療体系である。

　行動療法では，情動や行為，認知活動などを含めた「行動」を，学習理論を応用して治療する，すなわち，適切な行動を再学習することが試みられる。実際の治療では症状などによって様々な手法が選択されるが，そのひとつとしてここでは道具的条件づけの理論を応用したバイオフィードバック法を紹介する。

　普段の生活のなかで，心拍数や筋の緊張といった微細な生理反応はあまり意識されない。このような情報を，工学的手法（具体的にはバイオフィードバック装置）を活用して光や音などのわかりやすい情報に変換し，患者に返す（フィードバックする）。それによって患者は生理反応を知覚することが可能になり，この新しい情報の助けにより，生理反応を自己コントロールできるようになる。バイフィードバック法は心身医学やリハビリテーションの領域などで広く活用されている。

　たとえば，緊張型頭痛は長時間のデスクワークや心理社会的ストレスなどが原因で頭部や肩などの筋肉が緊張し，乳酸などの疲労物質がたまり，神経を刺激してしまうために発症する。このときの筋肉の緊張は不随意であるため自覚することは難しい。そこで緊張型頭痛には筋電図バイオフィードバック法を用いた治療が有効となる。緊張している筋群の筋電位を測定し，これを音や画像といった知覚しやすい情報に変換する。患者はそれをモニタし，筋の緊張や弛緩した状態を理解し，筋の弛緩を再学習することによって，徐々に弛緩の自己コントロールが可能となり，症状の軽快や改善が得られるのである。

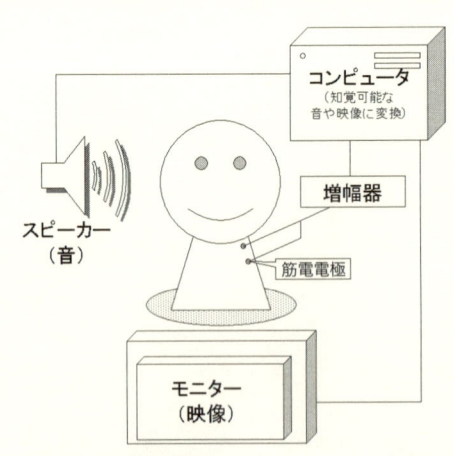

図5-13　筋電図によるバイオフィードバック法の模式図

6章 感情と欲求の心理学

　普段，私たちが何らかの行動をとる際，その状況に対する快，不快の評価，あるいはその時に感じる"やる気"が，その後の私たちの行動に多かれ少なかれ影響する。前者のような，状況に対して"快－不快"などの評価を行うなどして行動を調節するのは感情の働きであり，後者のような行動の内的原動力となるものを欲求という。本章では，人間の行動に影響を与える感情と欲求の問題を扱う。

1節　感情

　私たちは普段，様々な場面で喜怒哀楽を経験する。仕事やテストがうまくいった時は喜びで満たされ，映画を見て悲しみを体験したり感動を味わい，政治や社会に関するニュースを見て怒りを覚える。このように，感情は私たちの日常生活で常に生じるものであり，それは私たちの日常生活に様々な彩りを与えてくれる。また，感情は次の行動に向けての動機づけにもなりうる。たとえば，仕事で失敗した時には悔しさを味わうが，その悔しさが再挑戦への動機となり，また悔しさを味わった分だけ，次に成功した時の喜びはより大きいものとして感じられる。

　一方で，感情は他者とのコミュニケーションにおいても重要な役割を担う。自分の感情を表情，しぐさなどで他者に伝えることで，私たちは円滑なコミュニケーションを行うことができる。近年，パソコンやインターネットの普及にともない急速に発展したメディアコミュニケーション（Computer Mediated Communication; CMC）では，文字だけでは伝わりにくい自分の気持ちや感情を伝える手段として，顔文字が使用されている。このことも，コミュニケーションにおいて感情が重要な役割を担っている一つの証拠であろう。

　本節では，以上のような感情の問題について，これまで心理学的研究で明ら

かになってきたことを中心に述べることにする。

1　感情の定義

感情とは，何であろうか。私たちはその意味を理解しているし，日頃から身をもって体験しているはずである。しかし，その意味や定義について改めて問われたら，答えることは難しいだろう。また，一口に感情といっても，そこには情動（情緒），気分，情操，情熱などといった語も存在する。多くの研究者がこれらのことばに対する定義づけを行ってきたが，決定的なものは未だ見当たらない。

一般的には，感情（affect）とは喜び，怒り，悲しみなどの体験のことであり，上述した情動や気分などを含む，より広義な概念とされている。情動（emotion）と気分（mood）の違いは，その強度と持続時間で対比させると理解しやすい。情動は一過性の比較的強い感情であり，喚起した対象や原因が明確である場合が多い。一方，気分は数時間あるいは数日続く比較的弱い感情状態を指し，その喚起対象は必ずしも明確ではない。たとえば，何らかの嫌がらせをされたとする。この時，一時的に興奮して怒りを感じるのは，情動が喚起されたことによるものであり，それが顔面表情や態度として表れるのは，後述する情動の表出によるものである。一方，嫌がらせをされたことによって一日中不快な気持ちが続くのは，気分によるものである。オートレイらは，情動や気分をはじめとするさまざまな感情的現象の時間的な関係を図6-1のように示した。

他にも情操（sentiment）や情熱（passion）といったものがある。情操は芸術，宗教，学問などの価値的な対象に対する感情で，文化的価値に関連する学習をとおして獲得される。情熱は激しい強烈な感情を指す場合に用いられる。

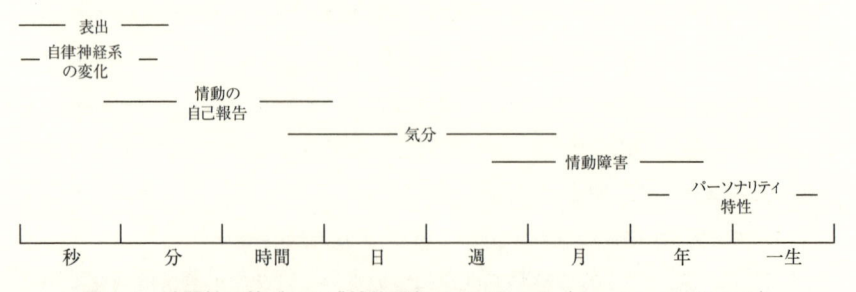

図6-1　時間軸に基づいた感情的現象のスペクトル（オートレイらによる）

なお，感情に関する国内外の研究を概観すると，その大部分は情動に関する研究が中心であり，特にわが国で行われている感情心理学的研究の大部分は，情動の研究であると思われる。したがって，本節では主に情動に関する話題を取り上げる。

2 情動の3つの側面

　情動は主に，私たちの外界に存在する何らかの刺激によって引き起こされる。そしてそれは，私たち自身にとっては環境に自己を適応させるための内的な合図となり，また顔面表情のように情動が表出されるのは，他者に対して自分の内的状態を知らせるシグナルとなる。

　より具体的に情動について説明すると，一般的には以下に示すような3つの側面があると考えられている。

(1) 主観的経験：情動が喚起されると，私たちは，喜び，怒り，悲しみなどを感じる。
(2) 表出行動：情動は顔に表情として表れたり，身振り手振りなどのしぐさなど，何らかの目に見える形で表出される。
(3) 生理的反応：情動が喚起されると，発汗や心拍の変化など，自律神経系や内分泌系の変化が生じる。

　情動に関する心理学的研究では，以上のような情動の側面を捉えることを目的として，様々な研究法が用いられてきた。(1)については，質問紙法や言語報告（内省報告）などの方法が採用されてきた。(2)については，情動の表出である表情やしぐさ，音声などを捉え，解析する研究などが行われてきた。(3)については，心電図，筋電図，脈波，皮膚電位反応，脳波など，様々な生理心理学的研究法を用いて，情動による生理的変化を捉える試みがなされてきた。近年では，fMRI（functional magnetic resonance imaging; 機能的核磁気共鳴装置）やMEG（magnetoencephalography; 脳磁図）に代表されるような神経イメージング研究が盛んに行われており，たとえば恐怖の情動には扁桃体が関与していることが明らかになるなど，情動に関わる脳内の活動を直接的に捉えることが可能となった。

3 情動の種類（カテゴリー，次元）

　喜怒哀楽という言葉に示されるように，私たちは日々，様々な情動を経験する。これまで多くの研究者によって，情動の種類を明らかにしようとする試みが行われてきた。一方では，基本情動（basic emotion）の探究が行われ，また一方では，情動間の関係性を説明するための心理的次元が提案されてきた。

　a　基本情動カテゴリー　基本情動とは，色に例えると原色に相当するような，情動の元型のようなものである。基本情動は人類に共通して普遍的であるとされ，また複雑な情動や文化特有の情動は，基本情動が混合したもの（混合情動）と考えられている。

　具体的には，これまでにどのような基本情動カテゴリーが提案されてきたのであろうか。デカルトは愛，驚き，憎しみ，悲しみをあげ，ジェームズは愛，恐れ，逆鱗，悲嘆をあげた。プルチックは喜び，受容，恐れ，驚き，悲しみ，嫌悪，怒り，期待の8つを基本情動としてあげ，それらを色相環のように円環状に配置した。その円環を基礎として，情動の強度や複数の情動が混ざることによる混合情動を説明する多次元モデルを提案した（図6-2）。

　近年では，比較文化研究の知見に基づいて，様々な研究者によって7±2個の基本情動カテゴリーが提案されている。特に代表的なものは，エックマンによる基本情動カテゴリーである。エックマンは表6-1にあげる11の基準を満たすものを基本情動と定義づけ，気分などその他の感情と区別している。具体

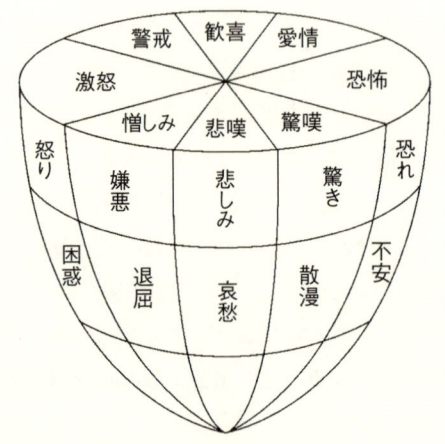

図6-2　情動の多次元モデル（プルチックによる）

表 6-1　基本情動の特性（エックマンによる）

1. 他の情動と区別できる独自の表出シグナルをもつこと。
2. 他の情動と区別できる生理学的なメカニズムをもつこと。
3. 刺激に対する自動的な評価メカニズムに結びついて発現すること。
4. 情動を引き起こす事象に，他の情動と区別できる普遍性が見られること。
5. 後天的に獲得される，他の情動と区別できるような外観の違いをもつこと。
6. 他の霊長類にも共通して現れること。
7. 情動の発現（オンセット）が急速に起こること。
8. 情動の持続時間が短いこと。
9. 不意に発現することがあること。
10. 他の情動と区別できる思考，記憶，イメージがあること。
11. 他の情動と区別できる主観的経験が生じること。

的には，喜び，驚き，恐れ，悲しみ，怒り，嫌悪，軽蔑の7つをあげている。また，エックマンは基本情動に対応する顔面表情についても，解剖学的知見に基づいてその特徴を記述している（トピックス6参照）。現在の情動研究では，このエックマンが提案した基本情動カテゴリーが広く採用されている。

b　情動の次元　一方，基本情動カテゴリーの関係性を説明する2,3の心理的次元が提案されてきた。ヴントは，快—不快，興奮—沈静，緊張—弛緩の3つの次元を提案している。また，シュロスバーグは表情を説明する次元として，快—不快，注意—拒否の2次元で構成されるモデルを提案し，後に，緊張—睡眠の次元を加えた3次元モデルを提案している（図6-3）。

その後の情動の心理的次元に関する研究を概観すると，多くの研究で「快—不快」の次元と「覚醒水準」の次元が繰り返し確認されている。近年では，ラッ

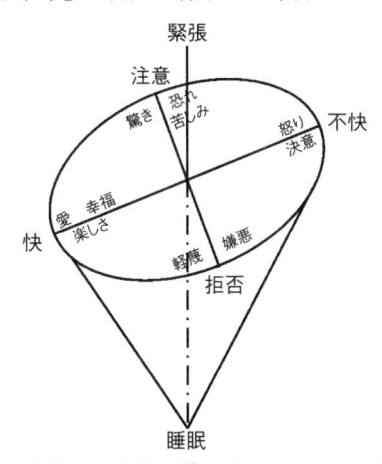

図 6-3　表情の3次元モデル（シュロスバーグによる）

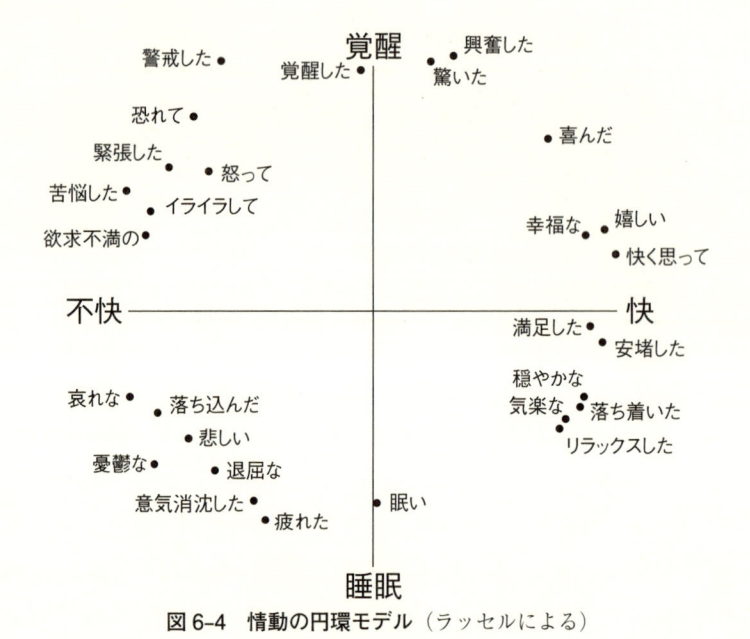

図6-4 情動の円環モデル（ラッセルによる）

セルの円環モデル（circumplex model of affect）が有名である。これは，快―不快，覚醒―睡眠の軸で構成されており，この2軸が直交する空間上に，情動語や表情が円環状に配置されることを示している（図6-4）。

4 情動の諸理論

情動に関する考察は，アリストテレスの時代から既に行われていたが，科学的な研究がなされるようになったのはごく最近のことである。以下に，現在までに提案されてきた代表的な理論を紹介する。

a ジェームズ・ランゲ説（末梢説）「泣く」という行動を説明する場合，一般的には，まず悲しみを喚起するような情動刺激に対して，「悲しい」という主観的な経験が生じ，それから自律神経系などの活動によって「泣く」という反応が起こると考えられていた（図6-5）。しかし，ジェームズやランゲは，まず情動刺激に対して自律神経系の活動により末梢系が反応し（ジェームズは筋や内臓感覚の変化，ランゲは血管運動の変化，と考えた），その変化を知覚することで情動が喚起されると主張した（図6-6）。彼らの考えに従えば，「悲

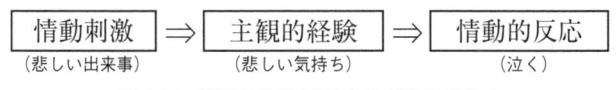

```
情動刺激     主観的経験     情動的反応
(悲しい出来事) ⇒ (悲しい気持ち) ⇒ (泣く)
```

図 6-5 情動の生起に関する従来の考え方

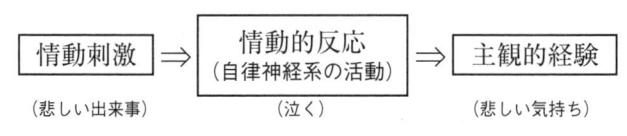

```
情動刺激     情動的反応              主観的経験
           (自律神経系の活動)
(悲しい出来事) ⇒ (泣く)        ⇒ (悲しい気持ち)
```

図 6-6 ジェームズ・ランゲ説の考え方

しいから泣く」のではなく,「泣くから悲しい」,ということになる。これは上述の2人の研究者がほぼ同時期に発表した説であることから,ジェームズ・ランゲ説,あるいは末梢神経系の活動のフィードバックによって説明されていることから,末梢説あるいは末梢起源説ともよばれる。

後にトムキンズは,表情に関わる顔面筋の活動が脳にフィードバックされることによって情動が喚起されるとする,顔面フィードバック仮説を提案している。たとえば,口角を上げると快情動が喚起され,眉を寄せると不快情動が喚起されるという考え方である。これはジェームズ・ランゲ説の流れを汲む理論であろう。

b　キャノン・バード説（中枢起源説）　ジェームズ・ランゲ説に対し,キャノンは,内臓器官を切除したり交感神経を遮断しても情動反応が生じること,異なる情動状態でも同一の内臓活動が起こること,内臓活動を人工的に起こしても情動が生じないことなどをあげ,ジェームズやランゲの考え方を鋭く批判した。そして,情動発現のメカニズムを以下のように説明した。

まず,情動刺激は感覚受容器から視床（現在では視床下部とされている）に伝達される。その興奮の情報が大脳皮質に送られて,情動の主観的経験が起こる。また同時に,その刺激は骨格筋や末梢神経系などにも伝達され,生理的変化を引き起こす（図6-7）。以上のキャノン・バード説は,視床こそが情動の主観的経験と身体的表出（生理的変化）の起源とする考え方であることから,視床説あるいは中枢起源説ともよばれている。

c　パペッツ回路　パペッツは情動が大脳においてどのようなルートを経て生起するか検討を行った。そして,大脳皮質の海馬で情動が生起され,そこか

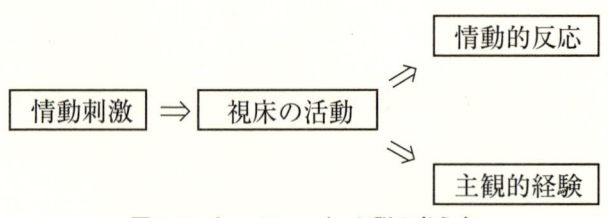

```
情動刺激 ⇒ 視床の活動 ⇒ 情動的反応
                    ⇒ 主観的経験
```

図6-7 キャノン・バード説の考え方

ら脳弓, 乳頭体, 視床前核, 帯状回を経て, 再び海馬に戻るとする, 大脳辺縁系における情動の回路を想定した。これをパペッツ回路という。その後の研究によって, 以上の大脳辺縁系の中でも扁桃核が情動に関して主要な役割を果たしていることが確認されている。

d 情動の2要因説 シャクターらは, 情動の生起における認知的機能の重要性に注目した。具体的には, 情動に関わる生理的反応を知覚するだけでなく, その状況をどのように解釈し評価するか, という認知的評価によって情動の主観的経験が引き起こされると考えた。以上のように, 情動刺激による生理的反応と認知的評価の2つの因子が情動を決めるという考え方であることから, 2要因説あるいは認知評価説とよばれている。

5　感情と認知

　従来の認知心理学では, 人間の情報処理過程, 言い換えれば人間の知的活動の探究を目的としてきた。この点を明らかにする上で, 感情の影響を極力排除せねばならず, したがって感情は実験的統制の対象であった。

　しかし前述したように, 感情は私たちの日常生活と切っても切り離せない関係にある。たとえば仕事をする時, 気分が良ければ仕事も捗るが, 気分が悪い時は, 冷静な判断が損なわれたり, 仕事の遂行にいつも以上に労力を費やすことがある。また, 何かを覚えるという作業においても情動は影響を及ぼしており, 情動が伴う記憶は時としてリハーサルの必要もなく長期記憶に貯蔵されることや, 逆に情動が記憶を抑制することがある。

　近年, 以上のような感情, 特に情動や気分が認知に及ぼす影響が注目され, 1980年代以降, 感情と認知の相互作用に関する研究が行われるようになった。そして, 従来行われてきたような感情の影響を極力統制して人間の知的機能の

みに注目した認知心理学的研究が「冷たい認知」とよばれるのに対し，感情の影響を考慮して認知と感情の相互作用に注目した研究は，「温かい認知」とよばれている。

「温かい認知」の研究では，大きく分けて二つの研究が行われている。一つは情動喚起や気分誘導など，実験参加者の感情操作を行う研究で，この場合，実験参加者の感情状態の違いが独立変数となる。この研究の代表的な例として，気分一致効果や気分状態依存効果，情動が記憶に及ぼす影響の研究（たとえば目撃証言研究）などがあげられる。もう一つは，性格特性の違いが認知に及ぼす影響を調べる研究である。この場合の独立変数は実験参加者の性格特性であり，感情操作は特に行われない。うつ傾向という特性が認知に及ぼす影響を調べる研究は，こういった研究の一例である。

2節　欲求

前節では，私たちの普段の行動に影響を及ぼす感情や情動に焦点をあて，その種類や理論について述べてきた。一方で，私たちの行動に大きな影響を及ぼすものとして，その時の"やる気"や目標などがあげられる。

生体内にあって私たちの行動を発現させる内的な推進力のことを，欲求（need）または動因，動機といい，生体外から行動に影響を与える目標のことを誘因という。そして，ある目標に向けて行動を始発させ，持続させる過程や機能の全般を，動機づけ（motivation）という。

本節では，欲求の具体的な種類について紹介すると共に，欲求が満たされない欲求不満の状態や，欲求不満の状態を脱して環境に適応するための機制について述べる。

1　欲求

私たちは喉が渇いたら水を求め，空腹を感じると食べ物を求める。一方，社会的な場面においては，何か大きな仕事を成し遂げ，周りの人々に認められたい欲求をもつこともある。前者のような生命維持に関わる欲求を一次的欲求といい，後者のような社会的な欲求を二次的欲求という。

a　一次的欲求　生理的欲求，あるいは生物的欲求ともよばれ，私たちの生命維持に必要な欲求である。たとえば，私たちは空腹を感じたら食べ物を求め，喉の渇きを感じたら水分を欲し，眠気が生じたら睡眠をとることになる。これはいずれも，一次的欲求によるものである。

　私たちの体には，体内の生理的状態を一定に保つような自動調節の働きが備わっており，この生理的状態に何らかの偏りが生じると，自律神経系の働きによって元の定常的な状態へ回復しようとする。これをホメオスタシス（homeostasis）という。しかし，この自動的な働きだけでは定常的な状態に回復できない場合，一次的欲求が生じ，それを満たすような行動が生じるのである。

　一次的欲求には，上述した飢えや渇き，睡眠のほかに，呼吸，性的欲求，母性欲求なども含まれる。ただし，性的欲求と母性欲求はホメオスタシス的な欲求とは異なり，性ホルモンの分泌に基づいて発現される欲求である。また，人間にとっての性的欲求は，一次的欲求だけでなく次に述べる二次的欲求も大きく関わっている。

　b　二次的欲求　生命維持には直接関係のない欲求で，社会的欲求ともよばれ，後天的に学習された欲求である。より具体的には，他者に認めてもらいたいとする承認動機，他者と親密になりたいという親和動機，困難な課題を達成しようとする達成動機などがある。

2　マズローの階層説

　動機づけの理論において最も有名な理論の一つが，マズローによる欲求の階層説である。これは，人間の欲求が五段階の階層構造になっており，下位の欲求が満たされると次の段階の欲求が起こるという考え方である。具体的には，以下の5つの欲求が考えられている。

　a　生理的欲求　これは上述の一次的欲求に該当するものであり，すべての欲求に最も先立つものであると考えられている。

　b　安全欲求　生理的欲求が充足されると発現する欲求で，危険を避け，安全や安定を求める欲求である。

　c　愛情欲求　生理的欲求と安全欲求が充足されると発現する愛情や所属を求める欲求で，友だち，恋人，家族を求めたり，何らかの組織やグループに属

することを求める。また愛情欲求には，他者を愛することと他者から愛されることの両方が含まれる。

　d　尊重欲求　愛情欲求が満たされると，自己の尊重や他者からの尊重を求める願望をもつようになる。具体的には，2つの下位項目からなる。
　(1)　自己尊重の願望（強さ，功績，自信，独立や自由を求める）
　(2)　他者からの尊重による願望（名声，注目，高い評価などを求める）
　e　自己実現欲求　以上の4つのすべてが満たされると発現する欲求。ここでの"自己実現"とは自己達成の願望，つまり自分がなりたいと思うものになる，あるいはその理想像に近づきたいという願望を達成することである。ただし，私たちが生きる社会では，4つの下位欲求がすべて満たされることはごく稀なことであり，現実的には私たちが自己実現欲求に至ることも稀なことであると考えられている。

3　欲求不満

　このように，私たちの行動の根底には様々な欲求があり，また私たちは欲求を満たすべく，様々な行動を起こすことになる。しかし，欲求は常に満たされるわけではない。時には何らかの障害により欲求を満たすことができなかったり，目標に到達できない場合もある。このような状態が続くと，欲求不満（frustration）の状態に陥る。

　欲求不満が起こる原因として，何らかの物理的，あるいは社会的な障害が存在することがあげられる。たとえば，デートの約束をした日に，電車が車両故障で運休になった場合（物理的障害），あるいは大学の授業の補講が入ってしまった場合（社会的障害），待ち合わせの場所に行くことが妨げられる。また，時には自分の能力の限界によって，目標を達成できない場合もある。こうした場合にも欲求不満が起こる。

　欲求不満の一種として，葛藤（conflict）があげられる。葛藤とは，2つあるいはそれ以上の欲求が相互に競り合う状態をさす。具体的には以下の3つが考えられる。
　a　接近─接近葛藤　2つのプラスの誘意性をもつ目標の間におかれている場合に起こる。この場合，どちらかを選べば解決するが，一方の目標に近づく

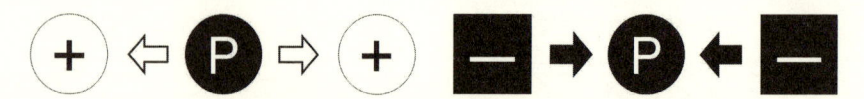

図 6-8　接近—接近葛藤
※ P は人間を，＋は正の誘意性を持つ目標を示す。

図 6-9　回避—回避葛藤
※ P は人間を，－は負の誘意性を持つ目標を示す。

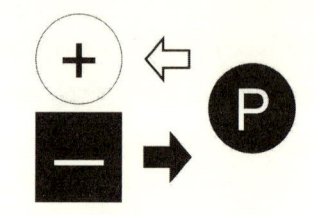

図 6-10　接近—回避葛藤

と，もう一方の目標の方が大きく感じられ，決断が難しい（図6-8）。身近な例としては，大学で授業の履修登録をする際，同じ時間帯に履修したい授業が2つある場合，どちらを履修すべきか悩むことがあげられる。

　b　回避—回避葛藤　2つのマイナスの誘意性をもつ目標の間におかれている場合に起こる。この場合，どちらかを選択しなければならないが，一方の目標に近づくと，その目標が大きく感じられ，そこでもう一方の目標に近づくと，今度はその目標が大きく感じられるため，やはり決断が難しい（図6-9）。身近な例としては，病気になった時，手術や治療を受けるのが怖いが，それを避けると病状がさらに悪化してしまう，ということがあげられる。

　c　接近—回避葛藤　ある1つの目標が，プラスとマイナスの両方の誘意性をもつ場合，あるいは同一の場所にプラスの誘意性をもつ目標とマイナスの誘意性をもつ目標が同時に存在する場合に起こる。この場合，最初はプラスの誘意性が強く感じられるため，その目標に近づいていくが，目標に近づくと負の誘意性が大きく感じられるようになり，目標から後退してしまう。このような場合，この状態から抜け出すことが難しい（図6-10）。目の前においしそうなケーキがあり，それを食べたいと思うが，食べると体重が増えてしまうと悩むのは，この葛藤の身近な例の一つである。

4　防衛機制と適応

このような欲求不満の状態にある場合，その状態から抜け出すために，さまざまな方略をとることになる。人が欲求不満を解消し，環境に適応するための心の働きを，防衛機制（適応機制）という。そして，ある欲求が満たされ，人と環境の調和が取れた状態を適応という。

防衛機制には，具体的には以下のようなものがある。

a　逃避　ある不安を感じさせるような状況から逃れ，避けることである。この逃避には，単純にその場から退く退避，自由な空想の世界に逃れる空想への逃避，困難な状況を避け，それとは関係ない行動をすることで代償的な満足を得ようとする現実への逃避などがある。

b　抑圧　満たされない恐れのある欲求や不安の基になっている情動や思考を，意識から締め出そうとすることである。これは，一般的には無意識的に生じるといわれている。

c　置き換え　抑圧されている情動の矛先を，社会的に認められた，あるいは社会的に無害な代理的・代償的な目標に置き換えること。社会的に望ましくない攻撃的情動を，スポーツなど社会的に承認される行動に変容させることで欲求を充足させる昇華も，置き換えの一つである。

d　投射　自分の中で抑圧しているものを，他者に移し変えて責任を転嫁することである。実際は自分が他者に対して憎しみを抱いているにもかかわらず，他者が自分に対して憎しみを抱いていると感じるのは，この投射が作用していると考えられる。

e　合理化　自分の行為を正当化するために，社会的に認められるような理由づけをすることである。

f　反動形成　他者に対して怒りを感じているのに優しい態度をとる，というように，自分の中にある情動や態度と正反対の行動をとることである。

トピックス6

顔面表情

　嬉しい時や楽しい時，私たちは笑顔になり，悲しい時には泣いたりする。このように情動は，顔面表情（facial expressions of emotion）として表出される。私たちは他者の顔に表れる表情に注目し，相手の反応や情動状態を把握することで，円滑なコミュニケーションを行うことができる。

　顔面表情について科学的な研究を最初に行ったのは，進化論で有名なダーウィンである。ダーウィンは人間の進化における動物との連続性を示す一つの証拠として，人間や動物の顔面表情に注目し，さまざまな研究を行ってきた。

　1960年代以降，比較文化的研究に基づいて，人類に共通して普遍的とされる表情カテゴリーが提案されてきた。この代表的なものとして，エックマンの神経—文化説があげられる。エックマンは過去の情動や表情の研究をレビューし，喜び，驚き，恐れ，悲しみ，怒り，嫌悪の6つのカテゴリーを提案し，比較文化的研究によりその検証を行ってきた。近年ではこの6つに軽蔑も加えた7表情を基本表情として，それらの形態的特徴について記述している。

　エックマンの神経—文化説のモデルを図6-11に示す。この理論によれば，私たちの脳内には7表情の表出に関わる感情プログラムが備わっており，ある情動が喚起されるとその表情の感情プログラムからシグナルが発せられ，それが顔面神経を通って顔面筋に伝わると，喚起された情動に対応した表情が表出される。一方で，生まれ育った文化圏において後天的に学習された表示規則（display rules）のシグナルが働くことで，表情の誇張や抑制などが起こる。たとえば怒りの場合，両眉が中央に向けて寄せられて目の周りに力が入り，また口元がギュッと結ばれるような表情になるが，日本人の場合，このような表情が日常生活においてみられることはほとんどなく，むしろ無表情であることが多い。これは，中立化という表示規則が働いているものと説明されている。

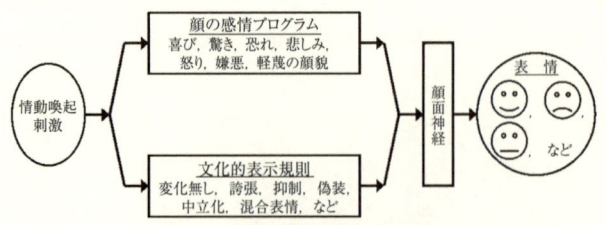

図6-11　エックマンによる表情の神経—文化説（マツモトによる）

7章 臨床の心理学

　人は生活していくなかで，どの人も皆，心に悩みや迷い，葛藤や不安などを抱く。人はそのとき，どのように感じ，どう対処するだろうか。ある人は何の問題も感じずに乗り越えるかもしれないし，ある人は不適応を起こして休養や治療が必要になるかもしれない。臨床心理学は，個人の抱える問題についてどう援助していくのかを考える学問である。

1節　心の仕組み

　目に見えない人間の心はどのような仕組みになっているのだろうか。ここでは，フロイトが創始した精神分析学の理論をもとに説明する。

1　心の領域（意識・前意識・無意識）

　意識は，自分自身が，今どこで何をしているのか，どんなことを考えているのかなど，自分の心の動きを自覚できている領域である。前意識は，意識と無意識の中間にあり，普段は意識されていないが，思い出そうと意図的に注意を向けようとすれば意識に上ってくることのできる領域である。たとえば，1年前のこの頃は何をしていたのか思い出そうと過去のある時期に注意を向けると，いつもは意識されていなくても思い出すことができる。それに対して無意識は，思い出そうと意図しても容易には思い出せず，意識化できない領域である。
　この領域は，怒りや罪悪感などの不快な感情を伴った記憶や，社会的にそのままの形で満たすことは望ましくない欲求や衝動が抑圧されている。この無意識が意識領域に現れるとき，言いまちがえや物忘れ（失錯行為）として日常生活に影響を及ぼす。たとえば，親友と会う約束をしていたが，無意識的にはあまり会いたくないという気持ちがある場合，「時間に遅れてしまう」，「約束をすっかり忘れてしまう」といった行動に現われてくる。

2 心の構造

a　イド（id）　生まれもった本能でもある「こうしたい」という欲望や衝動の源。快楽原則（～したい，～が欲しい）に従い，手段をとわず願望のままに行動する。

b　自我（ego）　イドと超自我の関係を調整し，現実世界に適応するように現実原則（現実に適応するために考慮する。「～しよう」）に従って，行動をコントロールしようとする。

c　超自我（super-ego）　幼少期の親からのしつけによって，内在化された考え方や行動であり，良心や道徳心を形成している。つまり，「～してはならない（良心の禁止）」「～しなくてはならない（理想の追求）」というように，言動に厳しい制限が加えられる元になっている。

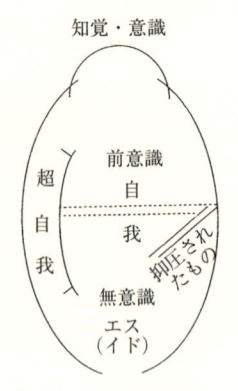

図 7-1　心の構造論（フロイトによる）

たとえば，この構造から「欲しいものがあった場合」に，どのレベルの自我が心を支配するかによって行動に影響が出てくる。イドが強く出た場合には，「お金を借りてでも買いたい」となり購入する。一方，超自我の場合には「それを買うお金はないので我慢しよう」と購入しない。しかし，現実に適応するために，自我がイドと超自我を調整すると，「今は，買うお金が無いので，自分でアルバイトしてお金を貯めてから買おう」という行動に至るのである。

2節　心のバランス（心の適応と不適応）

私たちは，どんな状況になったときに，心のバランスを崩すのだろうか。その要因となるものは何であり，バランスを崩すとどんな様相をたどるのかをみていこう。

1　ストレス

現代社会に生きる私たちは，日常生活の中で常にストレスとなる要因（ストレッサー）にさらされている。ストレスとは，学校や職場での人間関係，転校や転勤，転居などの生活環境の変化，悪臭や騒音などの環境状況などから，イ

7章 臨床の心理学

表 7-1 社会的再適応評定尺度

項目	点	項目	点	項目	点
配偶者の死	100	経済状態の悪化	38	仕事条件の変化	20
離婚	73	親友の死	37	転居	20
夫婦別居生活	65	職務内容の変化	36	転校	20
刑務所などへの収容	63	配偶者との口論	35	レクリエーションの変化	19
近親者の死亡	63	約1万ドル以上の借金	31	宗教活動上の変化	19
けが，病気	53	担保，貸付金の損失	30	社会活動上の変化	18
結婚	50	仕事上の責任（地位）の変化	29	1万ドル以下の借金	17
解雇，失業	47	息子や娘が家を離れる	29	睡眠習慣の変化	16
退職，引退	45	姻戚とのトラブル	29	家族団欒構成員数の変化	15
夫婦間の和解	45	個人的な成功	28	食事習慣の変化	15
家族の病気や健康上の変化	44	妻の就職や退職	26	長期休暇	13
妊娠	40	就学，卒業，退学	26	クリスマス	12
性生活の困難	39	生活条件の変化	25	軽い法律違反	11
家族構成員の増加	39	個人的な習慣の変更	24		
仕事への再適応	39	上司とのトラブル	23		

ライラ感や抑うつ感，不安や身体症状などによって現われる状態をいう。

「ストレス」という語を最初に用いたのは，カナダの生理学者セリエである。セリエはストレスの定義を生物学的な意味で「外界からもたらされる非特異的な身体的反応」として用いた。しかし，その後重要になってきた心理的要因については，セリエの学説では考慮されていなかった。そこで，ラザルスはストレスについて個人と環境との関係に注目し，ストレスは「個人の外部や内部に存在するのでなく，環境からの要求と認知，それに対する個人の対処能力の相互作用からもたらされる」という心理的・認知的要因を重視した。よって，同じストレッサーにさらされていたとしても，個人にとってストレスとなるかどうかは個人の捉え方，対処能力によって異なってくるのである。人間にとってどのような状況がストレスと認知されるのかについて，アメリカの心理学者ホームズとレイが表7-1に示す社会的再適応評定尺度を作成した。

2 ストレスによって現われる身体反応

人間の身体は，ストレッサーにさらされ続けるとどうなるだろうか。まず副腎皮質が肥大し，胸腺，脾臓，リンパ節，その他全身のリンパ組織に萎縮がみられる。さらには胃壁や十二指腸に出血や潰瘍がみられるような反応を示す。このような生理的身体的な症状の変化を，ストレスに対する過剰適応反応として，セリエは汎適応症候群とよんだ。この汎適応症候群は，次の3段階に分け

られる（図7-2）。

a　警告期　まず，ストレッサーが生じるとショックを受けて，一時的に抵抗力が低下する。このとき，ショック相と反ショック相の2つの相に分けられる。ショック相の時期にはストレッサーに対して受け身な時期で，心拍数の増加，体温，血圧，血糖値の低下，神経活動の抑制，筋肉の弛緩がある。一方，反ショック相では，ストレッサーに対して積極的に抵抗しようとすることから，体温，血圧，血糖値の上昇，神経活動の活発化，筋肉の緊張が認められるようになる。

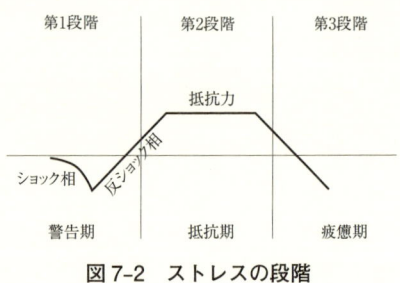

図7-2　ストレスの段階

b　抵抗期　さらに，ストレッサーにさらされ続けると，慢性的な適応反応として，安定した抵抗期に入る。警告期でみられた症状は消失し，抵抗力が高まり，生体は通常の機能を取り戻したかのようにみえる。

c　疲憊期　しかし，ストレッサーが長期間にわたると，生体が適応し続けられなくなり，抵抗力は失われ，ときには死に至る場合もある。

3　心身症

　ストレスと関わりの深い疾患に，心身症がある。日本心身医学会では，心身症の定義を「身体症状を主とするが，その診療や治療に，心理的因子についての配慮がとくに重要な意味をもつ病態」としている。つまり，心身症とは，身体疾患があり，その発症や経過には心理・社会的ストレスとの密接な関与が認められ，それが身体症状化した状態といえる。表7-2はよく取り扱われる心身症の種類を示したものである。

3節　心の病

　心のバランスを崩し，日常生活を送るのに支障をきたすような症状が現われた場合には，治療が必要となることがある。ここでは，代表的な病について紹介する。

表7-2 心身症とその周辺疾患（日本心身医学会教育研修委員会による）

1.	循環器系	本態性高・低血圧症，神経性狭心症，一部の不整脈，心臓神経症
2.	呼吸器系	気管支喘息，過呼吸症候群，神経性咳嗽
3.	消化器系	消化性潰瘍，潰瘍性大腸炎，過敏性大腸症候群，神経性食欲不振症，神経性嘔吐症，腹部膨満症，空気嚥下
4.	内分泌系代謝系	肥満症，糖尿病，心因性多飲症，甲状腺機能亢進症
5.	神経系	片頭痛，筋緊張性頭痛，自律神経失調症
6.	泌尿器系	夜尿症，インポテンツ，過敏性膀胱
7.	骨・筋肉系	慢性関節リウマチ，全身性筋痛症，脊椎過敏症，書痙，痙性斜頸，頸腕症候群，チック
8.	皮膚系	神経性皮膚炎，円形脱毛症，多汗症，蕁麻疹
9.	耳鼻咽喉科領域	メニエール症候群，咽喉頭部異物感症，難聴，耳鳴り，乗物酔，嗄声，失声，吃音
10.	眼科領域	原発性緑内障，眼精疲労，眼ヒステリー
11.	産婦人科領域	月経困難症，無月経，月経異常，機能性子宮出血，更年期障害，不感症，不妊症
12.	小児科領域	起立性調節障害，心因性の発熱，夜驚症
13.	手術前後の状態	腸管癒着症，ダンピング症候群，頻回手術
14.	口腔領域	特発性舌痛症，ある種の口内炎・口臭症，唾液分泌異常，咬筋チック，義歯神経症

1 神経症

身体的，器質的には原因がみられず，心理的な原因から引き起こされる症状であり，自分自身が苦痛を感じている。

　a **不安神経症**　不安そのものが主な症状である。何か悪いことが起こるのではないかといった漠然とした不安から，胸が締めつけられる気がしたり，めまいがしたり，吐き気がしたり，呼吸が苦しくなったりする。ときには，死の恐怖を体験して救急車を呼んだりすることもある。

　例）散歩をしていたら心臓の鼓動が早くなってきて，このまま死んでしまうのではないかと思い救急車を呼んだが，検査の結果，特に身体的な異常が見つからない，ということを繰り返す（心臓神経症）。

　b **恐怖症**　恐怖を感じたり，危険でないものに対して過剰なほどの恐怖感をおぼえ，実際にはそのことが不合理だと分かっていても，その場面や対象から避けようとする。恐怖の対象によって診断名が異なるが，不潔恐怖，対人恐怖，視線恐怖，外出恐怖，密閉恐怖などがあげられる。

　例）公衆の面前で気分が悪くなったり，倒れたりすることを恐れて，人が集まっているような町中やデパートへ行くことができない（広場恐怖症）。

　c **強迫神経症**　自分の意思に反して，ある特殊な考えが浮かんできてしまっ

たり（たとえば，わが子を殺してしまうのではないかなど），ある行為を儀式的に何度も繰り返して行わなければ不安になる。本人もその考えや行動に苦痛を感じている。

例）手洗いを何回も繰り返ししても汚れが落ちた気がしない（洗浄強迫）。

　d　ヒステリー　ヒステリーという言葉はギリシャ語で子宮（hysteria）を意味することから，昔は女性がかかる病気として知られていた。しかし，それは間違っており，男女に見られる症状である。この症状は心理的な葛藤や耐え難い強いストレスによって引き起こされ，転換性症状と解離性症状とに分けられる。前者の場合には，身体運動や身体感覚に障害が生じ，声が出なくなったり（失声），立つことや歩くことができなくなったり（失立・失歩），両手両足の麻痺がみられる。後者の場合には，記憶に問題が生じ，自分の名前や年齢，住所なども忘れてしまう心因性健忘や，突然日常の家庭や職場から離れて放浪し，見つかっても自分がその間に何をしていたのかを思い起こせないといった心因性とん走などがある。

＊現在，診断名としては，ヒステリーは用いられないことになっている。

　e　心気症　自分が感じている心身の変調に非常に不安を抱き，医学的な検査や診断で何の異常もないと告げられているにも関わらず，重篤な病気ではないかと恐れ，悩み，そのことに執拗にこだわって訴え続ける状態である。この状態の人たちは，いろいろな医者にかかり，病院を渡り歩く場合が多い。

例）胃に不快感を感じ，数件の病院で検査をした結果，特に異常は認められないが，本人は胃がんではないかと思い悩み，多くの病院を受診し続ける。

　f　離人神経症　自分が自分らしくない感じや，自分の手足が自分のものではないように感じたり，外界の存在がよく分からない，映画の映像を見ているようで実感が湧かないなど，自己や外界に対して現実感が伴わなかったり，隔たりを感じる状態である。

2　人格障害

人格障害は，全般的な考え方や行動が社会規範や一般的常識からかけ離れており，人格となる認知，感情，対人関係，衝動性において，偏りが認められる。その偏りのために，感情を適切にコントロールできず，適応的な判断や行動が

とりにくくなることで，自分自身や周囲の人たちが苦しむような状態に陥るのである。こうした人格の偏りは，通常は青年期頃から成人期前期に顕著になり，持続する傾向にある。

人格障害は，A群：妄想性，統合失調質，統合失調型，B群：反社会性，境界性，演技性，自己愛性，C群：回避性，依存性，強迫性，に分類される。ここでは，よくみられる境界性人格障害と自己愛性人格障害について取り上げる。

a 境界性人格障害 自分にとって大切に思う人から見捨てられるのではないかという不安を常にもっており，相対する人に対しての評価が変わりやすいという不安定な対人関係を示す。また，自分の価値観や計画などが突然変化したり，自分自身を傷つけるような衝動性を示したり，感情の不安定さが目立ち，慢性的な空虚感が認められる。

b 自己愛性人格障害 誇大性（自分の才能を誇張する）や賞賛されたいという欲求，共感の欠如があったり，傲慢な態度を示す。

3 精神病

精神病の原因については，未だはっきりと解明されていない。精神病の特徴をよく神経症と対比して示されることがある。それによると，精神病の方がより重症度は高く，自分が病気であるという意識が全くないか，薄いことが多いといわれる。

a 統合失調症 ブロイラーによって，1911年に初めて用いられた概念である。多くは，思春期～青年期に発病する。主な症状としては，陽性症状と陰性症状に分けられる。①陽性症状は，幻聴（実際には聞こえない声が聞こえてきたり，命令される），妄想（現実には理解しがたい特異的な思考。自分のことが噂されている，悪口を言われているなど），思考障害（会話や行動にまとまりがなくなったり，話の流れが突然止まって進まなくなったりする）などが認められ，②陰性症状は，感情鈍麻（表情が硬くなったり，喜怒哀楽などの感情を示さなくなったりする），自閉的（意欲の減退や周囲のことに無関心になり，活動的でなくなる）などが認められる。

(1) 破瓜型：思春期に発病し，徐々に進行していく。発病の初めは，軽い抑うつ状態などで気づかれる。学校や仕事が嫌になり，人目を避けて，閉じ

こもるようになる。もしくは，真面目だった人が，急にだらしない生活になったりする。また，周囲に対する関心が薄れ，自発性が乏しくなり，思考にまとまりがなくなってくる。人格の崩れが起こりやすく，予後は不良の場合が多い。

(2) 緊張型：20歳前後に急激に発病する。発病する数日前から，不眠，不安，不機嫌などの症状が現われる場合もあるが，突然起こってくることも多い。動機が不明で，大声でわめいたり，衝動的に器物を破損したりするような激しい興奮状態と，突然無口になり，動かない状態になる昏迷が繰り返し起こる。薬の治療に対する反応がよく，破瓜型よりは予後が良い。

(3) 妄想型：発病は遅く，青年期〜中年期（30歳〜40歳）に多い。幻覚・妄想を主な症状とし，人格の崩壊は少なく，妄想以外では比較的まとまっている。中には，長期経過のうちに徐々に進行し，精神荒廃に至ることもある。発病前から思考に柔軟性に欠ける人が多いが，ある時点から急に迫害されるように感じたり，神のお告げを受け，使命を与えられたと考えて発病に至る。

b 躁うつ病 感情障害を主とすることから感情精神病（躁うつ病）または気分障害といわれる。感情的な高揚があらわれ躁状態と気分が落ち込み，無気力になるうつ状態の2つの状態が周期的にあらわれ，人格の荒廃に至らないことが特徴である。

(1) 躁状態：気分が高揚し，自信に満ち溢れ，疲労感を感じず，活動が活発化する。思考は感情の高まりに応じて，誇大的になり，過度に楽観的になる。しかし，注意は散漫になり，些細なことで怒りやすく，興奮状態に陥りやすい。

(2) うつ状態：気分が沈み，無気力になり，自分は無力であると感じて自信が無くなる。思考面では，考えが浮かばない，考えが先へ進まないなどがあげられる。身体症状としては，食欲不振，便秘，体重減少，不眠，疲労感があらわれる。なお，精神症状が軽くて，あまり目立たず，身体症状が前面に出ているうつ状態を，うつ病が隠されているという意味で，「仮面うつ病」とよんでいる。

4節 心の治療

心が，精神的な病となってしまった場合，どのような方法で治療していくのだろうか。もちろん，薬物での治療が効果を発揮する病もあるため，服薬しながら治療するという方法がある。しかし，薬によって症状を抑えることは可能でも，根本的な治療にならないこともあることから，心理療法が導入されることが検討される。ここでは，代表的な3つの心理療法について取り上げる。

1　精神分析療法

オーストリアの神経学者であったフロイトによって創始された心理療法である。彼は，意識を向けると耐えられないような体験は無意識に追いやり抑圧されるが，それによって心に不安や葛藤状況を引き起こしたり，症状に転換されて病となると考えた。そこで，抑圧されたものを意識化させることで苦痛や症状を解消させようとしたのである。精神分析治療で重要となるものを以下に示す。

a　自由連想法　寝椅子に横たわったクライエントに，何でも頭に浮かんだことをそのまま話すように命じられる。これによって，無意識領域に抑圧されているものを意識化しやすいよう，退行状況を作りだす（図7-3）。

b　抵抗　自由連想を行っていくうちに，クライエントは沈黙したり，拒否したり，話題を急に変えたり，重要な話題を避けたりすることが生じてくる。これは，抑圧していたものを意識化することに対する抵抗であると理解する。

c　転移　クライエントは，幼児期から抱いていた両親に対する感情や態度を治療者に向けてくる。これは転移とよばれる。この転移には，治療者に対して好意的に感じたり，愛情や信頼を示すような好ましい像を抱く「陽性転移」と，逆に怒りや不信感，敵意や恐怖感を抱く「陰性転移」がある。

d　解釈　クライエントがまだ気づいていない無意識的な問題を治療者が

図7-3　フロイトの自由連想法

理解し，伝えていくことを解釈という。

e 徹底操作 治療者が解釈し，クライエントがそれを意識化していく作業を何回も繰り返し行っていくことを，徹底操作という。

2 行動療法

イギリスの心理学者アイゼンクが提唱した治療法である。彼は他の心理療法の客観性と普遍性に疑問をもち，実験的に検証された学習理論に基づいた治療理論と治療技法こそが重要であると考えた。この行動療法は，ある状況下で身につけてしまった不適切な考え方や行動を，または未学習である行動に対して，より適切な方向へと変化させていくことを目的とする。ここでは，行動療法の代表的な治療法を紹介する。行動療法は主に，オペラント条件付けの原理に基づいたオペラント技法と古典的条件付けを応用したレスポンデント技法（ここでは系統的脱感作法を紹介する）に分類できる。

a オペラント技法 この技法はスキナーの理論を応用している。望ましい行動にはその頻度が増すように正の強化を与え，不適応な行動には強化せず，その他の行動には強化していく療法である。これに対して，望ましくない行動が生じたときには罰を与え，その生起する頻度を抑えようとする方法があり，これは嫌悪療法とよばれる。

b 系統的脱感作法 ウォルピによって開発された治療法で，特に恐怖症の治療に有効であるといわれている。不安や恐怖といった状態と同時に，拮抗する反応を意図的に起こすこと（たとえば筋弛緩反応）によって，不安や恐怖を制止させる。拮抗する反応を，弱い刺激から強い刺激へと段階的に繰り返し提示していくことで，症状を解消していく治療法である。

3 来談者中心療法

アメリカの臨床心理学者ロジャーズによって創始された心理療法である。彼は，「何が傷つき，どの方向にいくべきか，どんな問題が決定的か，どんな経験が深く隠されているかなどを知っているのは，クライエントだけである」と述べ，人間に備わっている自己成長力を重視した。よって，クライエントには助言や指示を与えるのではなく，クライエントの主体的な力によって成長する

7章　臨床の心理学

のを援助していくことを提唱した。以下は，来談者中心療法における重要な治療者の3つの基本姿勢である

a　自己一致　ロジャーズの理論は「自己理論」とよばれる。彼は，人格を自己概念（私は〜であるという自分が意識している姿）と経験（その時々に変化する経験や行動）からなると考えた。自己概念と経験は必ずしも一致せず，自己概念と経験の不一致が大きいと，不適応な状態といえる。心理療法では，この自己概念と経験の重なりをより広くしていく過程といえる（図7-4）。

図7-4　自己概念と経験の関係
（ロジャーズによる）

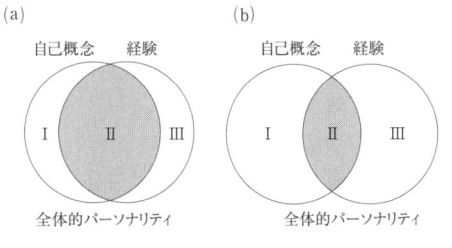

Ⅰ：経験に即さないで意識化された自己概念
Ⅱ：自己概念と経験が一致している領域
Ⅲ：意識化されない経験

b　無条件の肯定的関心

クライエントに肯定的で積極的な関心を向け，あるがままを受け入れること。無条件とは治療者の価値観に合う合わないという条件なしに，クライエントの気持ちや考えをしっかり受け止めていく。

c　共感的理解

クライエントのものの見方や感じ方にできるだけ近づき，クライエントの世界があたかも自分自身であるかのように感じとるようにするが，このときクライエントの感情に巻き込まれないようにすることが重要である。

5節　心理テスト

クライエントの能力や性格，心理状態などの心理的側面を判断，測定することを心理アセスメントという。クライエントを適切に援助していくためには，心理アセスメントは必須である。これには面接や観察によるアセスメントも含まれるが，心理テストはよく使われるアセスメントの1つである。

1　知能検査

医療，福祉，教育領域で使用される頻度の高い知能検査で，主にウェクスラー式検査と田中・ビネー式検査がある。

a　ウェクスラー式知能検査　アメリカのウェクスラーによって開発された個別式知能検査で，適用する年齢によって3種類に分けられる。幼児用のWPPSI（3歳10ヶ月～7歳1ヶ月），児童生徒用のWISC-Ⅲ（5歳～16歳11ヶ月），成人用のWAIS-Ⅲ（16歳～89歳）である。

　ウェクスラー式知能検査は，言語性検査（口と耳を使って答える問題）と動作性検査（目と手を使って答える問題）で構成されており，さらに各検査を6,7種類の下位検査に分類している。結果は，言語性知能と動作性知能，全体知能が算出され，プロフィールが描けるようになっている。

　b　田中・ビネー式知能検査　フランスで知的障害児を診断，発見するために，ビネーと友人であった医師シモンによって1905年に初めて開発されたのが，ビネー式知能検査である。その後，1916年にアメリカのターマンらが改良し，スタンフォード版知能検査を作成した。それをもとに，1954年に日本人の田中寛一によって作成されたのが，田中・ビネー式知能検査である。ビネー式の知能検査IQは精神年齢（mental age；MA）と暦年齢（chronological age；CA）との比によってIQを算出する。つまり，「$IQ = MA \div CA \times 100$」である。この検査は，主に児童相談所や保健センターで療育手帳発行のための診断用として用いられている。

2　発達検査

　発達検査は，乳幼児から子どもの身体的発達や，認知発達，言語の学習能力など全体的な発達を見るための検査である。代表的な新版K式発達検査の場合，適用年齢は0歳～13,4歳で，検査者と子どもが1対1で気の散らないような部屋で対面で行う。検査項目（324項目）は，①姿勢―運動領域（54項目），②認知―適応領域（169項目），③言語―社会領域（101項目）からなる。結果は，発達年齢，発達指数で示され，さまざまな側面から全体的な進みや遅れ，バランスの崩れなどを知ることができる。

3　性格検査

　心理テストと聞くと性格検査を連想するくらいよく使用される検査であり，種類の数もかなり多い。性格検査は大きく3つに分類できる。ここでは，各種

類の中で特に使用頻度が高いと思われるテストを取り上げ，紹介する。

a 質問紙法 質問紙法の特徴は，実施・採点が比較的容易である反面，被検者が応答する際に，操作しやすいという面がある。

(1) 矢田部・ギルフォード性格検査（YG性格検査）：12尺度，120項目の質問からなる検査である。実施する年齢によって小学生用（小学2年〜6年），中学生用，高校生用，一般用に分けられる。結果はプロフィールによって，①平均普通型（A型），②不安定積極型（B型），③安定消極型（C型），④安定積極型（D型），⑤不安定消極型（E型）の5つに分類される。

(2) 新版 東大式エゴグラム（TEG Ⅱ）：アメリカの精神科医E.バーンの交流分析理論を背景に，自我状態の心的エネルギーをグラフ化にしたものである。これは53項目の質問に回答して，批判的な親（CP），養育的な親（NP），大人（A），自由な子ども（FC），従順な子ども（AC）の自我状態をプロフィールに示すことができる。

b 投影法 曖昧で多義的な刺激を与えて，被検者がそれをどう受け取るかを見るものである。被検者が見えたものは，心の状態がそこに反映されていると考える。投影法は質問紙法と比較して，実施や分析に技術が必要とされること，被検者においても時間と労力がかかるという短所がある一方で，被検者には操作しにくいので無意識レベルまで知ることができるという長所がある。

(1) ロールシャッハテスト：スイスの精神科医ロールシャッハが考案したインクのしみを用いたテストである。投影法の検査では，特に医療領域で使用される最も頻度の高いテストである。10枚の図版から成るテストであるが，被検者がそこに見たものをどう表現するかを分析することによって，思考機能や現実検討能力などを推測することができる。

(2) 文章完成法検査（SCT）：「子どもの頃，私は…」「私の母は…」などの未完成の文章を提示し，その文章に続けて，思い浮かぶものを書かせて完成させる検査である。自己評価や家族関係などを知ることができる。

c 作業検査法 ドイツの精神医学者クレペリンの作業心理の研究にヒントを得て，内田勇三郎が考案した検査である。被検者に，ある一定の作業を行わせ，その課題への取り組み方や作業結果から，行動特徴や性格を読み取る。現在は，就職検査に使用されることがある。

トピックス7

発達障害にはどんな特徴があるのか？

近年，マスメディアで取り上げられることが多くなった発達障害だが，実際にはどんな障害なのだろうか。2005（平成17）年4月に発達障害者支援法が施行され，発達障害者（児）を取り巻く支援環境は整いつつある。発達障害とは心身の成長におけるなんらかの遅れや偏りが，長期的に持続する状態をさし，その状態は様々な生活場面に重大な制約を生じる可能性があると考える。ここでは主な発達障害を取り上げる。

a 自閉症 社会性，コミュニケーション，想像力の3領域に障害が見られる（3つ組の障害ともよばれる）。社会性の障害では，他者との交流がうまくいかない状態である。コミュニケーションの障害はまったくしゃべらない，反対にしゃべりすぎる，言葉の意味を文字通りに受けとる，オウム返しをするなどがあげられる。想像力の障害は，想像力を発達させることが難しい。これは幼児期にごっこ遊び（おままごとなど）をしなかったり，同じことにこだわってしまい，柔軟にルールを変更することができなかったりすることにも現われる。

b 高機能自閉症 自閉症の中で，知的な遅れを伴わないものをさす。

c アスペルガー症候群 自閉症と同様の障害をもちつつも，知的な遅れを伴わず，言語発達の遅れがないものをさす。

※a，b，cを広汎性発達障害もしくは自閉症スペクトラムともよぶ。

d 学習障害（LD） 全体の知能は平均域にも関わらず，文章を読むこと，書くこと，理解すること，あるいは計算が極端にできなかったりする場合を学習障害とよぶ。

e 注意欠陥・多動性障害（ADHD） 授業中，じっと椅子に座っていられず動き回ってしまうような多動性，その場にふさわしい，ふさわしくないに関わらず，後の結果を考えずに行動してしまう衝動性，注意散漫になり集中力を持続できない不注意などが主な特徴である。また，多動・衝動性がなく，不注意だけに問題がある場合を，ADD（注意欠陥障害）とよぶ。

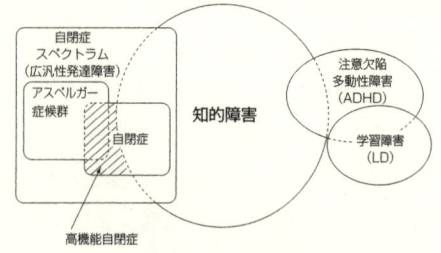

図7-5 発達障害
※「毎日新聞」（2005年1月9日付）の図をもとに作成

8章 社会の心理学

「人間は社会的動物である」といわれるように，私たちは日々，他者と共に暮らし，他者からの影響を受け，そして他者へ影響を与えている。しかし，そのすべてを意識的に把握できているわけではない。社会心理学は，対人場面や人間関係において生じる心理現象や心のしくみについて研究する分野である。私たちが日頃感じている内容を研究テーマとしていることが多いので，初学者にとっては親しみを感じやすい分野であるといえるだろう。

1節　社会的認知

　日常生活をおくるうえで，人は多くの情報を視覚を通じて受け取っている。ものの見え方は単なる現実の写しとはいえない。社会文化的な背景や個人の態度，価値観による影響を受けているのである。

1　コインの大きさの知覚

　ブルーナーとグッドマンは，貧困な家庭と裕福な家庭から，同程度の知的レベルの10歳児を集め，お金の大きさの知覚に関する実験を行った。実験の方法は，日常で使われているコインを見せて，懐中電灯を使ってそれと同じ大きさの光の円を作ってほしいと依頼するというものである。子どもは，さまざまな大きさのコインの大きさを作成する際に，実際の大きさよりもコインを大きく判断したという。特に注目すべき点として，貧困な家庭で暮らす子どもがコインを過大評価する程度は，裕福な家庭で育つ子どもの過大評価に比べてより大きいものであったという（図8-1）。コインと同じ大きさの厚紙を使った実験では，そのような過大評価は認められなかったことから，子どもたちにとってこの実験課題が難しすぎたために知覚にゆがみが出たとは考えにくい。つまり，子どもはお金の大きさを過大評価しやすく，特に貧しい子どもは裕福な

子どもより、お金をより大きく知覚しやすいと考えられる。このように、単純な知覚判断であっても、知覚対象に社会的に与えられている意味や価値によって影響を受けているのである。

2 知覚的防衛

見たくないものが目の前に呈示された場合、心理的な防衛が働き、その周辺にあるものまでが見えなくなってしまうことがある。これを知覚的防衛（perceptual defense）とよぶ。アーデリィとアップルバウムの興味深い実験

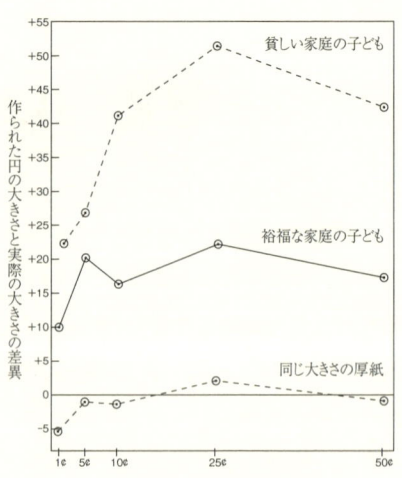

図 8-1 社会的知覚実験の結果
（ブルーナーとグッドマンによる）

がある。ユダヤ人に対して、視野の中央に情動的図形（ハーケンクロイツ）や中性的な図形を置き、その周辺に中性的な図形（シャープやト音記号に似た形など）を8つ円形に並べる（図8-2）。これらの図形を瞬間呈示し、"周辺の図形だけ"について、見えたものを報告するよう求めた。中心に置かれていたものについては報告してもらわなかった。その結果、中央にネガティブな感情を引き起こすような刺激があるときには、周辺に関する知覚が抑制されることが明らかになった。つまり、視野の中央に見たくないものがある場合、周辺にあるものまでも見えなくなるのである。社会文化的な背景上、不快感を生じさせるものが視界に入ると、選択的に見ないようにする知覚の働きがあるのである。

図 8-2 知覚的防衛の刺激図
（アーデリィと
アップルバウムによる）

3 印象形成

ある人物について、見たり聞いたりした場合、たとえそれが断片的な情報であっても、私たちの心の中にその人物の姿が形作られる。特定の他者に関する情報に基づいて、その人物に関する全体

像を心の中に形成する過程を印象形成（impression formation）という。

　アッシュの行った以下のような実験がある。実験参加者は，ある人物の紹介として，次のうちのどちらか一方のリストを聞いた。リスト1は，「知的な　勤勉な　衝動的な　批判的な　頑固な　嫉妬深い」というもので，リスト2は，「嫉妬深い　頑固な　批判的な　衝動的な　勤勉な　知的な」というものである。どちらのリストも同じ言葉から構成されているが，言葉の呈示順序が異なっている。リスト1は良い評価を示すことばから始まっているが，リスト2はあまり好ましくないことばから始まっている。実は，同じことばであっても，その呈示順序によって，心の中に形成されるその人物の印象が異なってくるのである。リスト1を聞いた人は，「能力があり，それを損なうほどではないが欠点のある人」という印象をもったのに対して，リスト2を聞いた人は，「欠点があるゆえに能力の発揮できない人」という印象をもったという。

　このように呈示順序が印象形成に与える影響は大きい。これは，認知心理学の章でも説明された人間の記憶のメカニズムの影響を受けていると考えられる。記憶の系列位置効果によると，最初に聞いたことは記憶に残りやすく，少々のことがあっても消えにくい（初頭効果）。このことからも，第一印象がいかに重要であるかがわかる。

　またアッシュは，人物を表す言葉の中には，特に印象形成に影響を与えやすいものがあることも示した。実験参加者は，ある人物を表すものとして，次のリストAとリストBのうちどちらか一方のリストを聞いた。リストAは，「知的な　器用な　勤勉な　温かい　決断力のある　実際的な　用心深い」ということばから成っており，リストBは，「知的な　器用な　勤勉な　冷たい　決断力のある　実際的な　用心深い」ということばから成り立っている。リストAとリストBの違いは，「温かい―冷たい」の1カ所だけである。実験参加者は，「温かい」が用いられたリストAの人物には，好印象を形成したのに対し，「冷たい」が用いられたリストBの人物には，あまりよい印象をもたなかったという。このように，たった一言の言葉の違いによって，人間の印象は大きく異なることがある。

2節 社会的自己

1 自己認知

　自分とはどのような存在なのだろう？　自分のことは自分が一番よく知っていると考える人も多いかもしれない。はたして本当にそうだろうか。他者からはよく見える自分の特徴が，自分では発見できないなどということもあろうし，他の人の姿を見ることではじめてわかってくる自己の特徴もある。もし世の中に，自分ひとりしかいなくなってしまったら，自分のことを自分だと認識できるのだろうか。

　人は，鏡に映った自分の姿を見るように自己を見つめ，自分自身について考えることができる。ジェームズは，自己を「主体としての自己」と「客体としての自己」という2つに分類した。彼は，主体としての自己を主我（I）とよび，主体的な知覚者としての"知る自分"であるとした。一方で，客体としての自己を客我（me）とよび，客体的な知覚されるものとしての"知られる自分"であるとした。鏡にたとえると，鏡に映った自分自身を見つめる側の自己が主我，鏡に映っている見つめられる側の自己の姿が客我であるといえるだろう。さらに，見つめられる側の客我には，自分の身体や財産などの物理的客我（material me），意識状態や傾向性などの精神的客我（spiritual me），周囲の人の自分に対する印象を認識することによる社会的客我（social me）3つの側面があると考えた。

　a　自己概念　人は，自分自身が何者であるかをある程度認識していなければ一貫性のある日常生活を送ることはできない。「私は○○である」と，自分について知っていることや信じていることを自己概念（self-concept）という。それには，性格，能力，身体の特徴，これまで経験してきたできごとの記憶など多くのものが含まれる。自己概念は，自分の全体像を示すため自己像（self-image）と言い換えることもできる。これは，日々の生活の中での行動や態度など，自己のあり方を方向づけるものであるため，安定的で長期にわたって変わりにくい性質をもつ必要がある。

自己概念は，それぞれの個人によって異なるのはもちろんのこと，一人の個人であっても多面性をもっている。ある人は，自分を親切で責任感が強いが，その反面優柔不断で怠け者だと考えているかもしれない。また，ある人は自分を意志が強くまじめだが，その反面，生意気で融通がきかないと思っているかもしれない。このように自己概念は複雑に分化しているが，全体としての統合性のある構造をもつものであるといえる。

　ヒギンズは，自己概念を構成するものの中で，ありのままの自分の姿を現実自己（actual self），こうなりたいと思う自分の姿を理想自己（ideal self），自分はこのようにあるべきだとする自分の姿を当為自己（ought self），とよんだ。このような自己の側面においてズレが生じた場合，感情的な苦しみや悩みを生じさせる。たとえば，理想自己と現実自己とが大きくズレる事態に直面すると，失望や落胆の感情が湧くとされる。ヒギンズは，このような自己概念のズレをセルフ・ディスクレパンシー（self-discrepancy）とよんでいる。

　b 自己注目　日常生活の中で，自分自身を強く意識するときもあれば，我を忘れてしまうときもある。ウィックランドは，自分自身に注目している状態を自覚状態（self-awareness）とよび，特定の状況で自己への注目が高まることを示した。たとえば，自分自身について話すとき，鏡を見るとき，人前やカメラの前に出たとき，ビデオに映った自分の姿を見るときなどに自覚状態になる。自己注目は，一般的に不快な経験であることが多い。その理由として，自覚状態が高まると現実の自己と理想の自己とのギャップに気がつきやすくなるためと説明されている。自己注目が高まった状態では，課題の遂行量が多くなったり，意見や態度が社会的に望ましい方向に変化したりする。つまり，人は自己注目すると，理想の自分に近い行動をとろうとするといえるのである。また，違反行為や自殺が減少することも報告されている。

　c 自己意識　人はある種の状況におかれると自己注目が生じやすくなる性質があると述べたが，個人ごとの性格特性として，自己への注意の向けやすさに個人差があることが分かっている。これを自己意識（self-consciousness）特性という。自己意識特性には，自分の思考や態度や感情など他者には分かりにくい自己の内面に注意を向ける私的自己意識（private self-consciousness）と，自分の行動や容姿など，他者から見られる自己の側面に注意を向ける公的

自己意識（public self-consciousness）の2つの側面がある。私的自己意識の高いタイプの人は，自分の内的状態について敏感で，内省的であり，心の内なる声と行動との一貫性が高い。一方，公的自己意識の高い人は，自己を社会的な存在と捉えており，周囲の人からの評価や拒否などの反応に敏感で，人目を意識して社会的な望ましさを考慮して自分の行動を決定するという特徴があるといわれている。

2　自己評価

a　自尊感情　自己を捉えるにあたり，自己を知るという認知的な側面だけでなく，自己に関わる好き・嫌いといった感情的な評価の部分もある。これを自己評価（self-evaluation）という。たとえば，自分が"内気な性格である"という自己概念をもつ人が，こうした自分を好きだと肯定的に捉えている人もいれば，ダメな自分で嫌いだと捉えている人もいるだろう。

　心の健康を維持するためには，自己受容や自己尊敬のような自分が生きている価値のある人間だとする感情が必要である。自己に関する肯定的評価の感情を自尊感情（self-esteem）という。自尊感情の高い人は，自信にあふれ自分の性格や能力に満足し，周りの人にも必要とされていると感じる。反対に自尊感情の低い人は自分を好きになれず，自分は生きていく価値のない人間であると失望しているといえる。また，自尊感情の低い人は，他者からの承認に対する欲求が強く，"相手に嫌われるのではないか"，"自分の評価が下がるのではないか"などと考えるため，他者からの勧めや依頼を断ることができず，説得に応じやすい傾向があるといわれている。

b　自己高揚　自尊感情を維持したり高揚させるために，それに役立つ情報を積極的に求めたり，出来事を自分の望ましいように捻じ曲げて解釈することがある。このような自分の気持ちを盛り上げるプロセスを自己高揚（self-enhancement）とよぶ。

　たとえば，テストで高得点がとれたとき，自分に能力があるからだ，または自分が頑張ったからだと，その理由を自分の内部に求めようとする傾向がある。反対に，テストで失敗してしまったときには，運が悪かった，タイミングが悪かった，問題が難しすぎたなど，自分ではコントロールできない外部に原因が

あると考えがちである。これは，ゆがんだものの見かたであり，利己的帰属バイアス（self-serving bias）とよばれる。バイアス（bias）とは，認知の系統的なゆがみをさすことばである。

他にも自己高揚的なバイアスとして，平均以上の効果（above-average effect）があげられる。2005年にアメリカのワシントン・ポスト紙が行った成人1033名を対象とした調査によると，対象者の94％が「自分は平均以上に正直だと思う」と答えたという。ほかにも，平均以上に常識的だ（89％），友好的だ（88％），健康だ（69％）というように，自分を平均より優れていると捉えている人がとても多いことがわかる。実際に平均以上の人が7～9割を占めるケースはそう多くはないと考えるのが普通であろう。したがって，こういった判断には，自己高揚的なバイアスが影響としていると考えられるのである。自己高揚は，自己評価を低下させないために行うさまざまな心的作業の根源的な動機であるとも考えられる。

3　他者と自己

自己と他者という二者の関係において，自分についてよく分かっていることでも相手には知られていないこともあれば，相手からはよく見えるが自分にはまったく分かっていないようなこともある。また，自分も相手も知っている自分の部分もあれば，お互いにとって未知の部分もあるだろう。図8-3 ジョハリの窓（Johari's window）は，この状態を4つに分割した窓を模した図形で示している。

人は，他者にありのままの自分を理解して欲しいという欲求をもっている。自己の内面的な情報を，特定の他者に正直に伝達することを自己開示（self-disclosure）という。自分の胸のうちを他者にありのままに示すことは，心の健康を維持するためにも重要なことであり，ジュラードは，自己開示をする人ほど心のトラブルを抱えにくいこ

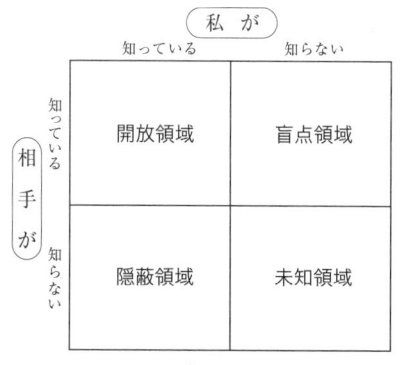

	私が知っている	私が知らない
相手が知っている	開放領域	盲点領域
相手が知らない	隠蔽領域	未知領域

図8-3　ジョハリの窓

とを示した。

　また，本当の自分を知ってほしいと思う反面，相手に抱いて欲しい自己のイメージを演出しながら，言葉や外見を選んで示すという側面もある。つまり，状況に合わせて相手にどのような印象を与えるかを考慮してうまく自己の印象を操作しているのである。他者から見られる自己の印象をコントロールしようとする行為を自己呈示（self-presentation）という。

　他者への印象を操作しようとするあまり，危険な行動をとる場合もある。自己呈示に関連した健康リスクの研究では，自分を健康的に格好よく見せたいために，皮膚癌をはじめとする病気に罹るリスクを犯し，過度の日焼けを好むタイプの人がいることを報告している。このようなタイプの人は自己呈示のために肉体的魅力に注目して，健康を損なう危険性を無視する。他にも，過激なダイエット，アルコールや非合法の薬物の摂取，喫煙，ステロイドの使用，無謀な自動車の運転，美容整形などのリスク行動と自己呈示の関連が問題となっている（Leary, M., 1994）。これらのことから，他者からどのように見られたいかという自己呈示に対する関心は，健康を維持し命を守るという関心以上に優先される場合があるといえる。

３節　対人魅力

1　生理的興奮と異性の魅力

　相手に恋愛感情を感じると，相手に近づいたり話したりするだけで心臓がドキドキした経験があるだろう。カナダのバンクーバーの険しい山の中に，地上から70mという非常に高いところに架かるつり橋があり，観光名所となっている。ユラユラゆれるつり橋の上にいると，ドキドキした興奮状態になる。このつり橋で起こる生理的変化を利用して実験を行ったのが，ダットンとアロンである。つり橋の上に実験者の女性が立っており，向こうから一人でやってきた男性観光客に，「景色が創作に与える影響の調査」に協力してほしいと１枚の絵を見せる。その後，電話番号と名前のメモを渡し，実験について詳しい説明をしたいので，もしよかったら時間のあるときに電話してほしいと伝え

る。この実験の真の目的は，絵をもとに作られた物語に含まれる性的イメージの得点や，実際に電話をかけてきた男性の数を調べることであった。実験の結果，比較対照のために固定橋で実験をした結果よりも，つり橋のほうが，絵から作られた物語の性的イメージ得点が高く，電話をしてきた男性の人数も多かった。つまり，つり橋を渡っているときは，危険で不安な思いをしているため，生理的な喚起が生じている。そのような状況で女性に出会ったため，そのドキドキ感を恋愛によるものと誤って解釈してしまったのである。このように，生理的興奮がなぜ生じたのか，その起源を誤って認識することを錯誤帰属（misattribution）という。

2　好意の返報性

他者に対する感情は，自分からの一方通行ではなく，相手が自分をどのように思っているのかによって変わってくるだろう。人は，自分に好意をもってくれる人に好感をもち，逆に自分を嫌っている人には嫌悪感をもつものである。これを好意の返報性（reciprocity of liking）という。

アロンソンとリンダーは，人は一貫して好意をもたれるよりも，それまで悪かった評価があるときから好意的に変わった場合の方が，より相手に好意を感じやすいことを示した。また，はじめから一貫して自分に否定的な評価をしている相手よりも，最初は肯定的だった評価が，途中から否定的評価に変わった場合の方が，相手に対して否定的感情をもちやすいことが明らかになっている（表8-1）。もともと自分に対する評価が低ければ，相手はそういった評価をしやすいタイプの人なのだと自分を納得させることもできる。しかし，自分との相互作用の間に相手の評価が変化した場合，その原因は自分自身にあると判断せざるを得なくなり，相手の評価をより深刻に受け止めるからであろう。

表8-1　評価の変化と相手への好意（アロンソンとリンダーによる）

実験条件における評価	相手への好意度（平均値）	SD
否定的から好意的へ	+ 7.67	1.51
好意的から好意的へ	+ 6.42	1.42
否定的から否定的へ	+ 2.52	3.16
好意的から否定的へ	+ 0.87	3.32

3　単純接触効果

　テレビコマーシャルで流れる音楽や，よくテレビで見かけるアイドルタレントなど，最初は特になんとも思っていなくても，繰り返し耳にしたり目にすることによって，だんだん好きになってくることがある。このように，特定の対象に繰り返し接触するだけで，その対象に対して好意的な態度が形成される現象を，単純接触効果（mere exposure effect）という。ザイヤンスは，大学生の卒業写真を用いて，頻度を変えて実験参加者に呈示した後で，それぞれの写真に対する好感度を測定した。その結果，接触頻度の高い写真ほど好まれる傾向があることが明らかになった。つまり，ただ単に，何度も繰り返し目にすれば，その対象を好きになるということである。これは，ネズミやゴキブリなどの下等な動物にも認められる非常に原始的な現象であり，言語刺激，視覚的刺激，聴覚刺激，現実の人間，いずれに関しても認められる。

4節　社会的態度

　人が，なにか行動を起こす際には，その場の状況に応じるという外的な要因のほかに，そういった行動につながるその人物の考え方や日頃の行動パターンといった内的な要因があるだろう。態度（attitude）とは，外界の物事に対して一定の様式で反応させるその人物の内的傾向のことである。いわば人の社会的行動を予測，あるいは説明するために考案された概念といえる。一般に態度は，認知，感情，行動の3つの要素から成り立つとされる。ここでいう認知的要素とは，その対象に対する認識，知識，信念をさしており，感情的要素とは，その対象への好き―嫌い，快―不快などをさし，行動的要素とは，その対象への接近や回避といった行動への準備状況をさすとされる。

　たとえば，"省エネルギー問題"に対する態度であれば，省エネルギーは，環境保全につながるという知識をもち（認知的要素），省エネルギーは好ましいことだと感じ（感情的要素），暑い夏でもエアコンの使用をなるべく控えようとする（行動的要素），などがあげられる。

1 ステレオタイプ・偏見・差別の心理

　社会的態度が何らかの事情でゆがんでしまった場合，少々困ったことが起こる。認知的要素がゆがむことによってステレオタイプが生じる。ステレオタイプ（stereotype）とは，ある社会的カテゴリーに属する人々が皆，共通した特性をもっていると信じることである。たとえば，イタリア人は陽気であるという印象を，すべてのイタリア人は陽気だと過剰にあてはめて考えてしまう傾向を示す。イタリア人の中にもシャイな人はいるだろうし，陽気といってもさまざまなレベルやタイプがあるだろう。ステレオタイプとは，たとえば，"イタリア人"のような社会的カテゴリーで一括りにして"陽気"といったレッテルを貼った判断をすることである。これが，感情的要素のゆがみを伴うと偏見（prejudice）となる。つまり，ある社会的カテゴリーに属する人を皆嫌いだと思うようなことである。さらに，それが行動的要素を伴うと差別（discrimination）につながる。偏見や差別は望ましくないことだと多くの人は考えているにもかかわらず，なかなかなくすことが難しいのは，これがステレオタイプのような認知的要素に基づいているからだとも考えられる。

2 ハイダーのバランス理論

　さまざまな事象に関する態度はばらばらに存在するのではなく，相互に一定のまとまりをもっている。ハイダーによって提唱されたバランス理論（balance theory）（図8-4）は，対人関係を伴った態度，一貫性について述べたものである。人はバランスを好む傾向にあり，一旦バランスが崩れると不快な緊張状態に陥り，不均衡を解消し，なんとかバランスのとれた状況にもっていこうとする。知覚者（P），他者（O），対象（X）の3つの関係について述べているのでPOXモデルともよばれる。

　たとえば，自分には大好きな恋人（＋）がいるとする。自分は，ジャイアンツのファン（＋）であるが，恋人もジャイアンツファン（＋）であれば，図8-4の左上の三角形で表されるように，すべての矢印の符号がプラスになり，均衡状態にあるといえる。もし，自分はジャイアンツファン（＋）であるのに，自分の恋人（＋）がアンチジャイアンツ（－）であれば不均衡状態になる。POXの関係性において，3つの矢印の符号をかけ算したもの（3つの符号の積）

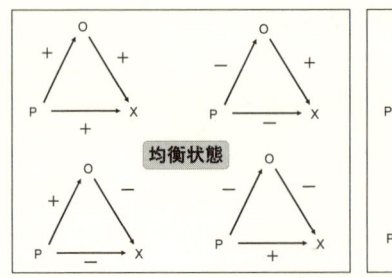

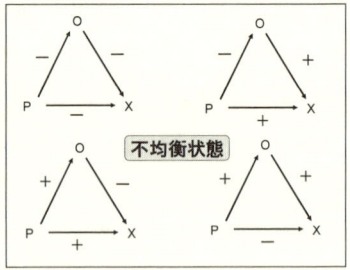

図8-4　ハイダーのバランス理論

が，プラスであれば均衡状態であり，マイナスであれば不均衡状態ということになる。

　不均衡状態に陥るとストレスが溜まり，なんとかしてこの状態を解消しようとする。不均衡を解消する方法として，①自分もジャイアンツを好きになる，②恋人はそれほどジャイアンツを好きではないと考える，もしくはジャイアンツを嫌いになるように働きかける，③自分は恋人をそれほど好きではないと考える，などのいずれかが適用されるだろう。

3　フェスティンガーの認知的不協和理論

　自分の行動が自分の態度と一致していないとき，人は葛藤を感じる。この葛藤をフェスティンガーは認知的不協和とよんだ。認知的不協和の状態で，どうしても自分の態度と一致しない行動をしなければならないとき，態度を変容させて，行動と態度の一貫性を保とうとすることがある。たとえば，"タバコは体に悪い"という態度の人がいるとする。タバコを吸わなければ態度と行動の一貫性があり不協和は生じない。しかし，タバコを吸う習慣があり，なかなかやめられないような場合，態度と行動の間に不協和が生じる。そして，その不協和を低減しようというプレッシャーが大きくなる。そこで不協和のもとを変えるか，行動と一貫した態度を追加することで，その不協和を解消しようとするのである。行動を変えるのが困難な場合，"タバコは，本当は体には悪くない"や，"タバコは，体には悪いかもしれないが，リラックスできるので心には良いものだ"といったように考え方自体を変更することで，行動と態度に一貫性をもたせるのである。

5節 同調と服従

1 社会的促進・社会的抑制・社会的手抜き

a 社会的促進と抑制 人は，周りに他者がいるだけで，1人のときとは異なる心理的作用が働くものである。ほかの人がいるだけで，1人が行える作業量が増えることもあれば，逆に減ることもある。また，遂行成績が上がることもあれば，下がることもある。どのようなときに他者の存在が作業の量や質を上昇させ，どのようなときに低下させるのだろう。

他者がそばにいると，1人で行うときと比べて遂行量や成績が上昇する現象を社会的促進（social facilitation）という。他の人が静かに勉強している図書館に行くと，自分の部屋で1人で勉強しているときよりもはかどるという経験がある人も多いだろう。1人で走るかけっこよりも，数人で競争した方が良いタイムが出ることもある。一方で，特に，いまひとつ自信がもてないような課題においては，1人のときのほうがうまくできるということもある。他者がいることで成績や遂行量が低下することを社会的抑制（social inhibition）という。たとえば，テストのときに先生が後ろで見ていると，解答を書く手が進まない，1人で練習していたときはうまく歌えても，みんなの前に出るとうまく歌えないなどがあげられる。

b 社会的手抜き 他者と一緒に何かを行うと，1人で行うときと比べて課題を達成しようとする努力が低下することがある。これを社会的手抜き（social loafing）という。たとえば，掃除など大人数でやると，知らず知らずのうちに各人が少しずつ手を抜き，かかった時間に比べて作業があまり進まないということがあるだろう。他にも，運動会での綱引きで十分な力が出せなかったり，卒業式などの式典のときには拍手の大きさや歌うときの声量が，1人のときよりも小さくなったりするだろう。

ラタネらは拍手や大声を出すといった手法を使って，この現象を実験的に明らかにしている。実験参加者の人数が増えるにしたがって，拍手のときも大声をあげるときも，個人が出す音の大きさは明らかに減少した（図8-5）。この

ように，私たちには，最小限の努力で最大の効果をあげようとする怠け者の心があるのである。

2　アッシュの同調行動

自分以外の複数の人間が，自分より先に同一の選択をした場合，人はそれと同一の反応をする傾向がある。これを同調行動（conformity）という。たとえば，数人でレストランに行った際の注文で，自分以外の人が皆同じメニューを注文すると，当初自分はそれを注文しようと思っていなくても，つい同じものを注文してしまうなどということがある。このように，人は，先に述べられた他者の意見に左右されやすいものである。

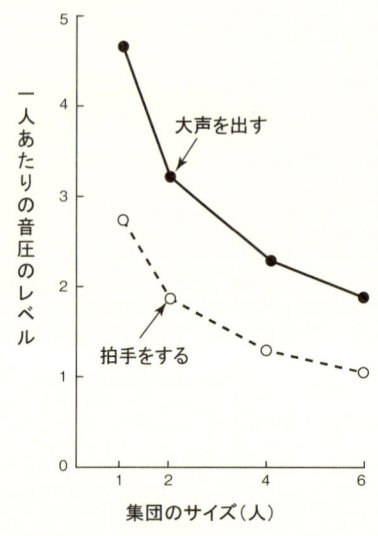

図 8-5　**社会的手抜き**（ラタネ，ウィリアム，ハーキンスによる）

アッシュは興味深い実験を行っている。実験参加者は，まず1本の線分を見せられ，次に呈示された3本のうち，どれが最初のものと同じ長さであるのかを判断するよう求められる（図 8-6）。この課題は，一人でやるときには，めったに誤らないような簡単なものである。しかし何人か他の参加者（実は実験協力者のサクラ）が先に誤った反応を立て続けにすると，自分も同じ反応をしてしまうのである。このように，たとえ自分の意見とは異なるような内容であっても，人は多くの場合，集団の中で皆に受け入れられていることに同調してしまう傾向がある。アッシュの実験のような，非常に単純な知覚課題であったとしても，このような同調行動が生じるのである。

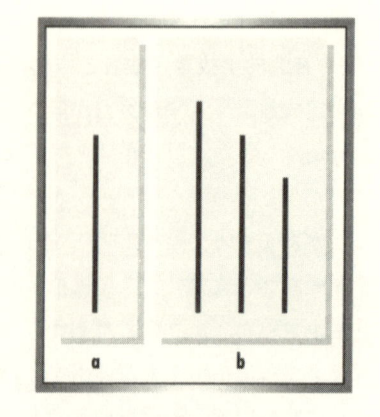

図 8-6　**同調実験の図形**
　　　（アッシュによる）

6節　群集心理

1　集合行動

　私たちは，日々の社会生活の中で，多くの人々と関わって生きている。家族と離れて一人暮らしをしている人でも，一歩外に出れば不特定多数の人と行き会うことになるだろう。普段は居合わせるだけで深い交流もなく通り過ぎていく関係であっても，特定の条件がそろうと，そこにいる人々の行動が当事者の意図とは関係なく相互に影響し合い，それが広範囲に波及・伝播し，普通では考えられないような事態に発展することがある。たとえば，スポーツ観戦中に気持ちが盛り上がり，普通なら絶対にやらないような大胆な行動をしたり，バーゲン会場で勢いに飲まれて，冷静に考えればけっして買わないような商品を買ってしまうということが起こるのである。このように複数の見知らぬ他者との関わりの中で起こる行動や現象を集合行動（collective behavior）という。

　集合の中でも，一時的に行動を共にする集合を群集（crowd），より広く不特定多数の他者を含み，流言や流行などに関連するものを大衆（mass）とよぶ。群集とは，お互いに初対面で名前も知らない者同士が，その場限りの一時的な期間の接触をする集合である。特に積極的にコミュニケーションをすることはないが，同じ場にいることで直接接触している。たとえば，バーゲン会場で一緒になった人やサッカーやコンサートの聴衆などは，それぞれの動機に基づいてその場所に集まるが，それらのイベントが終了すればそれぞれ散りぢりに分かれていく関係にある。一方，大衆とは，不特定多数の人々であり，もちろん相互に知り合いではない。特定の場所や時間に同時に居合わせることもなく，場所や時間の制約がない匿名の関係にある。間接接触においては，マス・メディアやインターネットが大きな役割を果たす。

2　冷淡な傍観者

　1960年代にニューヨークの郊外で，1人の女性が，夜遅く暴漢に襲われて殺されるという事件が起こった。彼女は何度も助けを求め，38名もの人が事件

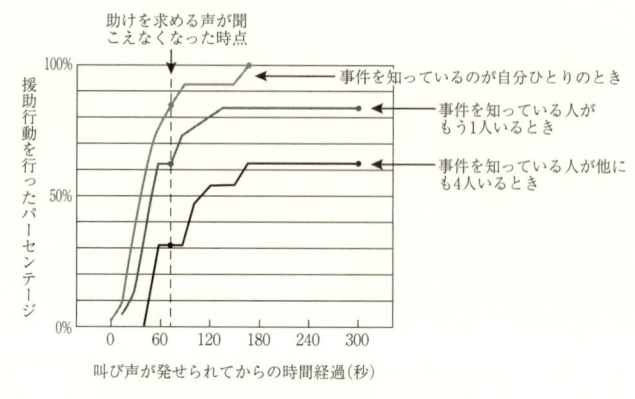

図8-7 傍観者効果（ダーリーとラタネによる）

グラフ内の凡例：
- 助けを求める声が聞こえなくなった時点
- 事件を知っているのが自分ひとりのとき
- 事件を知っている人がもう1人いるとき
- 事件を知っている人が他にも4人いるとき

縦軸：援助行動を行ったパーセンテージ
横軸：叫び声が発せられてからの時間経過(秒)

に気づいていたにもかかわらず，警察への連絡が遅れたことが悲劇につながった。大都市に暮らす人々の冷たさを嘆くにとどまらず，この事件を契機にダーリーとラタネは，実験的手法を用いて，なぜ援助行動が行われないのかを検討した。実験では，実験の最中に急な発作で苦しんでいる声（あらかじめ録音されたテープによるもの）が聞こえるよう設定された。実験の結果，参加者が病人を助けに行くかどうかは，一緒にいる他者の数で変化することが明らかになった。

実験の結果を見ると，同室に他者がいる場合には1名のときより援助する行動が減少した。さらに，同室している人数が多くなるにつれて助けに行くケースが減少し，また助けに行くまでの時間も長くかかるようになった。傍観者の数が増えるに従って，援助行動が行われにくくなっているといえる。このように他者の存在は，援助行動を抑制するのである（図8-7）。これを傍観者効果（bystander effect）という。

傍観者効果を引き起こす要因には，①責任の分散：周囲に他にも自分と同様の立場の人がいると，そこで負うべき責任が分散され，1人のときよりも責任感を感じなくなる。自分が助けなくても他の人が助けるだろうという無責任な気持ちが働くこと，②評価懸念：緊急時でもないのに，自分が最初に過剰反応して恥ずかしい思いをするのを恐れること，③多数の無知：周囲にいる他者が援助の手を差し伸べないのは，その事態が援助的介入を必要としない事態だと

解釈すること，などがあげられる。

3 流行

　流行とは"はやりもの"という意味だが，流行歌，流行語，流行の服，流行の髪形など，様々な対象に対して用いる言葉である。流行とは，ある社会集団の中で一定の人たちが一定の期間，ある意図のもとで同じような集団行動をとるように心理的に誘われることと定義されている。

　流行へ参加したいと思う気持ちには，同調欲求（need for conformity）と独自性欲求（need for uniqueness）という，一見相反する2つの欲求が関係している。同調欲求とは，他者と同じでありたい，孤立したくないという欲求である。一方で，独自性欲求とは他の人と違う個性的な自分自身を顕示したいという欲求である。これら2つの相反する欲求が流行を作り出しているのである。

　流行に敏感でいち早く取り入れる人もいれば，ある程度流行するまで待つタイプの人や，流行にはまったく関心のないタイプの人もいる。比較的早い時期に流行を採用するタイプを，革新者や初期採用者というが，彼らは好奇心が強く新奇性なものへの感受性が高いため，独自性欲求に基づいて流行を採用しているといえよう。一方で，過半数が流行を取り入れてから参加するタイプを追随者や遅滞者といい，このようなタイプは，集団や社会に適応し，安心感を得るために流行を取り入れることから，同調欲求に基づいているといえる。

トピックス8

透明性の錯覚

　みなさんは，心の中に思い描いていることが他の人に見透かされたと感じることはないだろうか？たとえば，ちょっとした嘘をついてしまったとき，自分のしぐさから嘘が見抜かれているのではないかとか，あるいは片思いの異性に自分の気持ちをさとられたのではないかと心配になったことは？　はたして，言葉にしていない自分の気持ちは，本当に相手に伝わるのだろうか？

　人は，他の人に自分の心の中を実際以上に見破られていると考える傾向がある。これは透明性の錯覚 (illusion of transparency) とよばれる。透明性とは，自分の心の中が透明になって見透かされてしまうと感じる様子を表している。

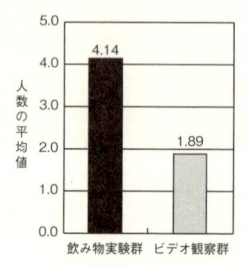

図8-8　飲み物を飲んだ人が見破られると思った人数と実際に見破った人数の平均値

　透明性の錯覚を実験で行った結果がある。この実験の参加者は，おいしくない飲み物をできるだけ無表情を装って飲むことを求められた。5つのグラスのうち4つは普通のカルピスで，残りの1つは酢の入ったカルピスであった。飲んでいる様子はビデオカメラで撮影され，その後，撮影されたビデオを他の人々に見せたとき，10人中何人が変な味の飲み物を正確に当てることができると思うか，参加者にその人数を予測してもらった。後日，新たに募られた参加者に撮影されたビデオを見せ，どれが酢入りのカルピスであったと思うか当ててもらった。

　飲み物を飲んだ参加者は，10人中平均4.14人に見破られると思ったのに対し，ビデオを観た人々は，実際に10人中平均1.89人しか当てられなかった。飲み物を飲んだ人は，自分の心の中が実際よりも多くの人にばれてしまっていると考えたのである。

　これは，客観的に相手の立場に立とうと思っても，どうしても自分の視点から抜け出ることはできないということにもつながる。

（イラスト：なかばやし　ことね）

9章 犯罪の心理学

　テレビや新聞は，毎日犯罪のニュースであふれている。犯罪は恐ろしい。だが同時に，犯罪報道は私たちをひきつける。それは，犯罪が私たちの社会を映す鏡だからだ。犯罪の心理を学ぶことで，人間の心と社会の深層に迫っていこう。

1節　犯罪の原因と防犯

1　犯罪者の特徴と性格

　犯罪を起こすのは，ごく一部のモンスターのような人間だけではない。また生まれつきの犯罪者もいない。犯罪者になるような人は悪い性格の人だと単純に決めつけてしまうことも間違いである。だが，犯罪者になりやすい個人的特徴はある。

　シュナイダーは，人格の大きな偏りのタイプとして，他人の言いなりになりやすい自己不確実型，熱狂的行動にはしりやすい狂信型，自己中心的で目立ちたがり屋の自己顕示型，突発的な怒りを抑えられない爆発型，良心や思いやりに欠ける情性欠如型などをあげている。これらの特徴が犯罪につながることもあるだろう。また近年の人格障害の分類でいえば，反社会性人格障害なども犯罪を生みやすい特徴である。

　アイゼンクは，外向的で道徳性を身につけにくい特徴をもっている人が犯罪者になりやすいという。その他にも，認知的なゆがみが大きく，相手の行動を善意に解釈できない傾向や，自己統制力の弱さや攻撃性の高さなどが，犯罪の原因になると考えられている。しかし，ある特徴や性格をもっている人がすべて犯罪者になるわけではない。

　また精神分析学的に考えれば，本能的なイドが暴走して犯罪を起こす場合や，逆に巨大すぎる超自我がゆがんだ良心となって日常的に欲望を抑えすぎたため

に，感情が爆発した犯罪もあるだろう。河合隼雄は，逆説的だが，いたずらなどのささいな「悪」を子どもから遠ざけすぎてしまうことが，かえって問題行動のもとになっていると述べている。「良い子」を強制しすぎてはいけない。

マズローの欲求段階説をもとに考えれば，飢えている人が必死になって食物を得るように，愛や所属，自尊の欲求が満たされない人が，犯罪的な行為をしてでも周囲からの優しさや尊敬を得ようとして起こす犯罪もあるだろう。

2 環境による影響

犯罪の原因は多くの場合，さまざまな要因がからみ合っている。私たちは物事の原因を考えるときに，その個人に原因を求めすぎてしまう傾向があるが，「悪いことをしたのは悪い人だから」と考えるだけでは，何の説明にもなっていない。犯罪の原因には，環境の力も大きいのである。

a アノミー論 社会の中で，努力しても成功のチャンスはないと考える人々が増え，社会的な規範が乱れるときがある。このような社会状況を，デュルケムはアノミー（無規制状態）とよんでいる。この状況の中では，人々は夢を失い，不安とあせりを感じ，合法的な成功をあきらめ，手段を選ばず欲望を満たそうとする。突然の不況や，急激な一部の繁栄がアノミー状態を生み，自殺や犯罪が発生しやすくなる。ワーキングプア（働いても貧しい人）やネットカフェ難民（ネットカフェで寝泊りする人）などが話題になる日本社会も，アノミーにおちいらないように注意が必要だろう。

b 下位文化 あなたは，盗みも暴力も悪いことだと思っているだろう。それは，あなたが環境に恵まれて，悪を否定する文化で育ったからである。しかし，この一般的な文化の下には，犯罪を肯定する下位文化（サブカルチャー）が存在している。ここでは，真面目な態度は軽蔑され，違法行為がむしろ賞賛される。学校，家庭，職場では認められない人々が，非行グループの中でなら仲間が得られ賞賛を受けるとしたら，彼らは犯罪に近づいていくだろう。

サザーランドは，法律を守ろうとしない集団の人々と関わるだけではなく，その人々に親しみを感じ，また違法な行為を集団メンバーから認めてもらうという人間関係の中で，人は犯罪を学習していくのだと述べている。

c ラベリング 何かのきっかけで「犯罪者」「不良少年」とよばれるように

なると，周囲から疎外され，信用を失い，疑われるようになってしまう。そのような環境で自尊心を失い，否定的な自我が形成され，実際に犯罪者への歩みを始めてしまう。これをラベリング理論という。犯罪者の多くは社会から愛されていないと感じている。あなたがもしも周囲から愛情も信頼も得られず，いつも非難され続けるとしたら，それでもあなたは今の明るさや正しさをもち続けることができるだろうか。犯罪者は，環境によって作られているともいえる。

3　犯罪の予防

a　地域の防犯と犯罪不安　犯罪は，犯罪を起こしやすい準備状態にある人が，犯罪を誘発しやすい地域環境の中で起こす（第10章犯罪環境学参照）。即効性のある防犯活動としては，犯罪の起こりやすい場所を減らす地域環境整備が有効だろう。ただし，長期的に見た場合には，家庭環境や社会全体のあり方が問われてくる。

防犯のためには，犯罪への警告を発し，人々に適度な犯罪不安を感じさせ用心させることが大切である。住民が登下校の子どもたちを見守ったり，不審者に注意を向けたりすることも良いだろう。しかし，犯罪不安をあおりすぎ，日常的に不要な恐怖心や不信感を高めてはいけない。人々の自由を守り，子どもがのびのびと育っていけることを前提とした防犯活動が必要である。

b　刑罰　犯罪を抑止するためには，まず重い刑罰を与えることが考えられるだろう。たしかに犯罪に対する制裁は必要である。犯罪抑止のためには，犯罪は割に合わないと考えさせなくてはならない。ただし，刑罰によって犯罪が防止できるのは，このように冷静な判断ができる場合だけである。つまり，事前に罰の存在を理解し，犯罪の発覚の可能性を考え，将来のことを考えて罰を避けよう

図9-1　通信指令センター（警視庁HPより）

とすることが必要である。

　c　社会的絆　あなたは，もしも100万円が手に入るなら，親を悲しませたり，学校を退学したり，就職や人生の夢をあきらめることができるだろうか。ハーシーは，社会的絆（ソーシャルボンド）理論を提唱し，社会との強いむすびつきをもつことが犯罪抑止につながると主張している。犯罪を抑制する絆とは，家族や親友など周囲の人々との深い愛情関係や，仕事，勉強，趣味など，自分が夢中になって取り組んでいる事柄である。悪いことをすれば家族が悲しむだろうとか，職場や学校をやめるのはとても辛いことだと感じることができれば，犯罪行動にブレーキがかかるのである。

2節　さまざまな犯罪

1　万引き

　すべての店が昔ながらの対面販売であれば，万引きはおきにくい。しかし，そのような店の作りでは売り上げも低下してしまう。店員に見られている感覚が薄く，気軽に商品を買い物カゴに入れられるような環境が，売り上げを増加させる。だがそのような店舗では，同時に万引きも起こりやすくなる。

　欲しいものが目の前にあり，店員からは見えず，意識されていないような場面は，犯罪行為を誘発しやすい。ここで万引きが起こり，犯行が放置されてしまうと，その成功感からさらに犯行を続け，重い犯罪に移っていくこともある。

2　性犯罪

　「強姦（レイプ）は性的欲求不満から生ずる衝動的な犯罪であり，多くは屋外で，見ず知らずの男性によってなされる行為であり，一部は女性側の挑発的な服装や行動によって誘発されることがある」という考えは，一般にもちやすい誤解である。強姦は，女性に対する支配，侮辱，征服したい心理が暴力的に表現されたものである。また，見知らぬ人よりも，顔見知りによって行なわれ，一見安心に思える場所で発生している。そして強姦の原因は被害者の行動ではなく，加害者の側に存在している。

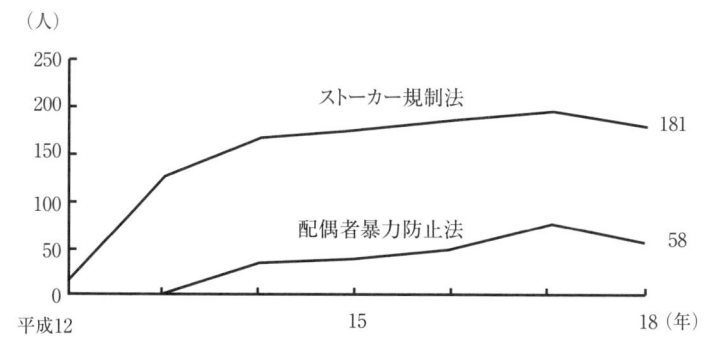

図 9-2 ストーカー規制法違反・配偶者暴力防止法違反の検察庁新規受理人員の推移（平成 12 年〜18 年）

3　ストーカー

ストーカーの加害者は，一方的に好意をもっているだけなのだが，相手が迷惑がっていることに気がつかない。自分に都合がよい妄想的な思いで，相手も自分に好意をもっている，拒否するのは恥ずかしがっているからだとか，親に反対されているからなどと勝手な解釈をして，ストーカー行為を続けている。

福島章は，ストーカーに共通する心理として，「甘え－攻撃型」をあげている。彼らは未熟な心で他者に対して無条件の愛を求め，思いが満たされないとわかると，乳幼児がかんしゃくを起こすように非難攻撃してくるのである。

相手が知り合いであっても，好意がないのであればはっきりと断ることが大切だが，必要以上に相手をののしることは問題をこじらせることがある。さらに，まれなケースだが攻撃行動が傷害事件などへ発展することもある。ストーカー規制法にもとづき，必要に応じて警察にも相談しよう。

4　振り込め詐欺

振り込め詐欺の犯人が作りだす詐欺話のストーリーは，普段の冷静なときに聞けば，矛盾があり無理があることもすぐにわかる。しかし，電話から泣き声が聞こえ，警察とか暴力団といった話が出れば，誰もがみな動揺し，不安がうずまき，冷静さを失う。

人は，たとえば頭上から突然ものが落ちてくれば，何が落ちてきたかを判断する前に防御の姿勢をとる。このように，感情が揺り動かされ緊急事態だと思

い込むと，激しい不安の中で理性的な判断は後回しにされる。そのような状態で話を信じ込み，お金をすぐに振り込まなければと思ってしまうのである。自分だけはだまされるわけがないと油断せず，事実だと自分では確信しているときも，1人では行動しないといった対応が必要だろう。

5　殺人

　ドラマや小説の中では，複雑な動機をもった犯人が手の込んだ計画をたてて殺人を企てる。しかし，実際の殺人はちがう。もっともよく見られる殺人動機は，単純な人間関係のもつれである。殺人者の男女比は5対1で，圧倒的に男性殺人犯が多い。男性殺人犯の半数は計画性がなく，面識のない相手に対して偶発的，衝動的に行っている。また，男性による殺人の6割が飲酒がからんでいる。
　女性による殺人は8割が計画的である。また，被害者の9割が家族など身近な人間である。男性が怒りや自分の利益のために殺人を犯すことが多いのに対して，女性は一家無理心中など，やむにやまれぬ動機で殺人を犯すことが多い。
　特殊な殺人として，たとえば快楽殺人は他の殺人とは異なり，殺害すること自体が目的であり，殺害時に快感を得ている。この快感を得るために，巧みな方法で連続殺人を犯していく。一方，一度に大量の人を殺害する大量殺人者は，人生に絶望しており，逃亡を考えないことも多い。拡大自殺としての殺人と考えることもできる。日本では，毎年1400件程度の殺人事件が起きているが，95％以上が検挙されている。アメリカでは毎年18000件程度の殺人事件が発生している。

6　テロ

　テロリズムは，正規の戦争によっては勝つことができないような「弱者」の犯行である。テロ組織は，武力によって国家を打ち負かすことはできないが，日常生活の中で，いつ，誰が被害にあうかわからないという恐怖と，テロ攻撃への怒りを与えようとしている。国民が恐怖と不安にかられ，テロリストの要求を受け入れれば，テロリスト側の思う壺である。また怒りに我を忘れて過剰な報復攻撃を行い，結果として国際的支持を失えば，それもまたテロリスト側の「勝利」である。佐渡龍己は，テロリズムは，私たちのこころに戦いを挑む

9章 犯罪の心理学　　133

図9-3　2001年に起きたアメリカ同時多発テロ（警視庁HPより）

「心の戦争」なのだと述べている。

7　身近な人からの犯罪

　犯罪は家族や恋人など，ごく親しい人間関係の中でも起こる。身近なだけに，加害者も被害者も犯罪性を意識できないときもある。児童虐待が行われているのに，しつけだと思い込んでいる親もいる。身体虐待，性的虐待，心理的虐待のほかに，必要な養育を行わないネグレクトも虐待行為である。
　恋人とのデートの途中で起きるデート・レイプの被害もある。相手が誰であれ，場所がどこであれ，拒否している相手に強制的に行えば犯罪である。私たちは自分の人権を守るために，相手に「ノー」を言う権利をもっている。
　恋人や夫婦間の暴力をドメスティック・バイオレンス（DV）という。身体的な暴力のほかに，妻に金銭を渡さないような経済的暴力，相手が嫌がる性的なことを強要する性的暴力，監視を続けたり，友人との交友も認めず，思い出の品物を壊したりする心理社会的暴力もある。暴力をふるった加害男性は，冷静になると女性に優しくなることも多い。これは人間らしい愛情というよりも，壊れてしまった持ち物を修理する心理に近い。しばらくは女性にやさしくしながらも，しだいにストレスがたまり，またささいなきっかけで暴力をふるう。
　このようなDVサイクルの中で，被害女性は無力感に陥り逃げる気力を失っ

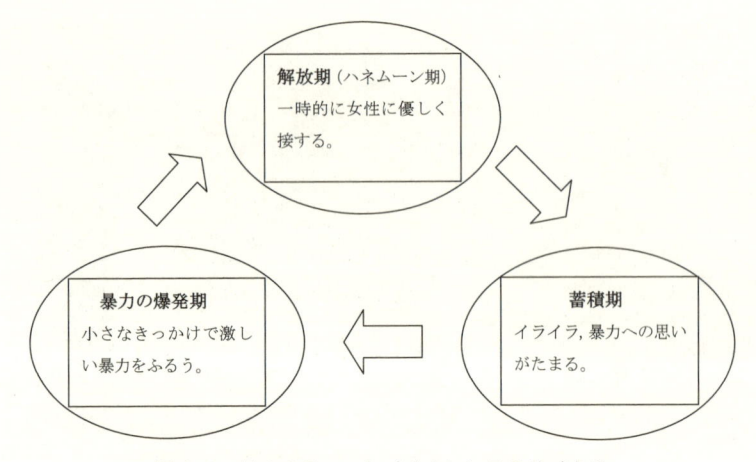

```
         ┌─────────────────┐
         │ 解放期(ハネムーン期)│
         │ 一時的に女性に優しく│
         │ 接する。         │
         └─────────────────┘
         ↗              ↘
┌─────────────┐      ┌─────────────┐
│ 暴力の爆発期 │ ←── │ 蓄積期      │
│ 小さなきっかけで激し│      │ イライラ,暴力への思い│
│ い暴力をふるう。│      │ がたまる。   │
└─────────────┘      └─────────────┘
```

図9-4 ドメスティックバイオレンスのサイクル
※ドメスティックバイオレンスの加害者は，一見反省しているように見えても，上記のようなサイクルで暴力を繰り返す。

たり，あるいは自分が男性を支えなくてはいけないという過剰な責任感をもったりすることで，暴力から逃げられなくなってしまうのである。被害者保護を強化した改正DV防止法が2007年7月に成立したが，総理府の調査によれば，およそ20人に1人の女性が，夫や恋人から命の危険を感じるほどの暴力を受けたことがあるという。

3節　非行・少年犯罪

1　少年犯罪の現状

　近年，少年犯罪が増加・凶悪化しているといわれるなか，厳罰化の方向で少年法の改正が行われてきた。しかし，犯罪白書のデータを見ると，必ずしもそのような傾向は見られない。昭和45（1970）年までは交通事犯も含まれていたため，免許取得者の増加に伴い大きな増加が見られるが，その後は増減をくり返している。凶悪犯罪である殺人の検挙数は，昭和40（1965）年代までは200〜400人で増減をくり返し，平成14（2002）年以降は100人未満を維持している。このように，少年殺人犯は長期的にみれば激減している。

2 非行は心のSOS

　大人は必要な物を盗み，早く到着するためにスピード違反を犯す。しかし，少年たちは買えるのに盗み，急いでもいないのにバイクを暴走させる。同じ違法行為でも大人とは目的が異なり，非行は助けを求めている心のSOSサインだということもできる。彼らは猛烈に愛と注目を求めていながら，その求め方はどうしようもなく不器用だといえよう。

　法務総合研究所によれば，少年院在院者の50％が虐待を受けていたという。また非行少年たちは，成功失敗の原因は周囲の環境にあると感じ，自分の努力は報われないという無力感に陥っている者も多い。

　ウィニコットは，子どもたちは母性的な優しさを奪われたことへの抗議として，反社会的行動にはしると述べている。家庭裁判所の調査によれば，重大事件を起こした少年の父親は，頼りないタイプか暴力的で威圧的なタイプであった。

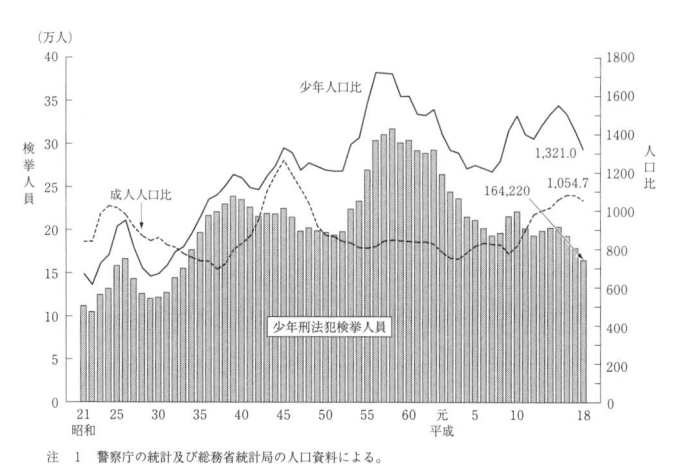

図9-5　平成19年版　犯罪白書（法務省法務総合研究所）

3 少年凶悪犯罪者とキレる少年の心理

　殺人のような凶悪事件を起こす少年たちは，殺人計画は綿密でも逃亡計画は稚拙であることが多い。損得を考えれば，実に割の合わない凶悪事件を起こす。彼らは孤独と絶望感によって自暴自棄となり，自分の人生自体を大切にできなくなっている。少年による親殺しも，当人の利益にはならない犯罪だろう。親殺しは，先進国の中流以上の家庭で起こる。親からの強い圧力を感じ続け，適度に反抗することもできない少年は，親に飲み込まれるような不安を感じ，親から解放されるためには親を殺すしかないと思い込む。

図 9-6 北海道家庭学校の礼拝堂
（北海道遠軽町 HP より）
※社会福祉事業の先駆者留岡幸助によって 1914 年に設立。全国でも数少ない私立の児童自立支援施設である。

　計画性がなく，突然キレる少年たちもいる。発達障害や人格障害のために小さなできごとに対しても怒りを抑えられない少年もいるが，いつも我慢し続けて日常的に欲求不満状態の少年もいる。このような少年が，あるきっかけでついに我慢しきれず対処不可能になると，一過性の混乱状態に陥り，周囲から見ると理解できないほど突然怒り出したようにみえるのである。

4 節　捜査・裁判員の心理と被害者の心理

1　プロファイリング

　映画に登場する心理分析官（プロファイラー）は，次々と謎を解き，犯人を特定し追いつめていく。しかし，実際にはプロファイリングだけで犯人を特定し逮捕するわけではない。プロファイリングは，さまざまある捜査手法の一つ

であり，事件に関する心理学的な分析を通して，犯人の人格特徴や行動特徴を推論しようとする方法である。つまり犯人を特定するのではなく，どのような犯人なのか犯人像を絞り込もうとするのが，プロファイリングである。

たとえばアメリカ連邦捜査局FBIは，犯行現場の状況を考察することで，快楽殺人を秩序型と無秩序型に分類している。凶器を事前に準備し，遺体を隠し，凶器も証拠になるようなものもあまり残さないのが秩序型である。このような犯罪の犯人は，知能が高く，結婚しており，社会的にも安定した生活をしている場合が多い。一方，犯行現場が乱雑であり，遺体や凶器，多くの証拠をそのまま残してあるのが無秩序型である。このタイプの犯人は，知能は平均以下であり，独身で，社会的に不安定な生活をしている者が多い。このように，犯人像を絞っていくのである。

地理的プロファイリングとよばれている犯人の居住地を推論する手法も研究が進められている。たとえば，犯人が犯行を重ねている場合，犯人の自宅または職場など普段いる場所は，最も離れた犯行地点を直径とした円の中にあると考えるサークル仮説がある。

プロファイリングは，万能の方法ではないが有効な捜査手法の一つであり，日本の警察でも近年プロファイリングに関する研究と実践が始まっている。

2　目撃証言

あの人が犯人だと断言する目撃者が登場すれば，私たちはその証言を信じるだろう。しかし，心理学の研究によれば，人間の記憶は私たちが思っているほど確かではない。記憶は，様々な影響によって変容し，誘導され，さらに体験してない記憶が新たに作られてしまう場合もある。たとえば，目撃者がナイフなどの凶器に注目しすぎれば，人相や服装など他の記憶はあいまいになることがある。また恐怖や不安を激しく感じれば，記憶は混乱する。

ロフタスは，質問の仕方によって証言が変化することを実証している。同じ交通事故の映像を見た人に対して，「車がぶつかったときの速度は？」と質問するよりも，「車が激突したときの速度は？」と質問したときのほうが，目撃者は車の速度を速く証言した。さらに「割れたガラスの破片を見たか」と質問したところ，実際には存在しなかった破片を「見た」と証言する目撃者も現れ

たのである。

　犯行を数名の目撃者が見ていたものの記憶が混乱しあいまいなときに，誰かが「犯人はメガネをかけていたよね」と発言すると，全員が犯人はメガネをしていたと思い込んでしまう場合もある。

　容疑者の写真を見せ，目撃者に判断させる場合（面通し），写真を1枚だけ見せて判断させると，実際に目撃した人物とは異なっていても，犯人だと判断しやすくなる。複数の写真を見せた場合でも，他の写真がスーツを着て身だしなみの整った人々であり，1枚だけが服装や髪型が乱れた人であれば，この人物を犯人だと判断しやすくなる。目撃者証言は，目撃者自身が真実を語っていると信じているときでも，必ずしも客観的な事実どおりの内容ではないのである。

3　ウソ発見器（ポリグラフ）

　ウソをずばりと言い当ててくれる機械は存在しない。ただ，人はウソをついて緊張したり興奮したりすると，呼吸や脈拍が早くなり汗をかく。これらの身体的な微妙な変化を総合的に測定するのが，ポリグラフである。「ポリ」とは，「多くの」という意味である。ただ，ウソをついていなくても変化が見られることもあれば，訓練によって変化を抑えることもできる。そこで，新たなウソ発見の方法として，特定の脳波の測定や，音声によるウソ発見の方法などの研究が進められている。

4　裁判員の心理

　日本では2009年から裁判員制度が開始される。これは，一般から選ばれた6人の裁判員と3人の裁判官が共に協議し，裁判官1人を含む過半数の賛成をもって評決を出す方式である。アメリカ映画「12人の怒れる男」（アメリカの陪審員制度では，12人の陪審員が満場一致で評決をだす）は，1人の男性が無罪を主張し，最後には全員の意見をくつがえすストーリーだが，実際にはそのようなことはなかなか難しいだろう。社会心理学の同調実験で見られるように，少数者は多数者の意見に左右されやすいからである。裁判員はたとえ疑問をもった者が自分1人であっても，疑問を表明することが望ましい。

　また帰属理論や対人魅力に関する理論を応用した研究によれば，人は自分と

類似した人間の罪を軽く判断しやすいことがわかっている。女性は女性の，学生は学生の行為の責任を甘く考えやすい傾向がある。また魅力的な外見の人が容疑者の場合には，与えるべき刑罰を軽く判断しやすいこともわかっている。

人はこのような認知や判断のゆがみから自由になることは難しい。しかし，自分では冷静で客観的だと感じているときでさえ，私たちはさまざまな環境から影響を受け，記憶や判断が変化してしまうことを自覚しておくべきだろう。

5 被害者の心理

社会の治安を維持することを考えれば，犯人逮捕が最重要事項だろう。しかし，犯罪には被害者がいる。被害者は，財産を失い，家族を失い，身体的に負傷し，そして心理的な被害を受けている。被害者保護は重要な課題である。

被害者は様々な症状に苦しんでいる。たとえば，不眠，悪夢，過度の警戒心，事件発生時の感情がそのままによみがえるフラッシュバック，恥の意識，自責の念，事件を思い出すような類似の状況に近づけないことなどがある。また，性的な犯罪被害の場合，汚れてしまった感覚をもったり，異性との健康的な関係がもてなくなったりすることもある。大きな被害を受けたときはもちろんのこと，客観的には小さな被害でも心理的には大きな傷となることもある。

症状は，事件直後に見られるだけではない。周囲からすれば，ずいぶん以前のことと思われても，当事者にとっては「あの日以来，時計が止まった」というように，ＰＴＳＤとして長期にわたる影響が残る場合もある。

被害者は，事件をきっかけとして社会の中で様々な困難にあい，二次的被害を受けることも多い。このように被害者が苦しまなければならない社会では，犯罪を明らかにし，犯罪とたたかっていこうとする態度が育ちにくくなってしまう。被害者保護は，犯罪防止にもつながるのである。

私たちは，被害者を励まそうとして「忘れなさい」ということがある。しかし，衝撃的な事件を忘れることはできない。むしろ感情を表現し，記憶を整理することが必要である。そして，長い時間の後で，「私は確かに被害を受けた。しかし私の価値は少しも下がっていない」と思えるときがくるのである。

トピックス9

孤独なスクールシューター「イシュマエル」

　2007年4月16日朝，アメリカのバージニア工科大学で銃乱射事件が発生した。学生教職員32名が射殺され，犯人も自殺。銃乱射ではアメリカ犯罪史上最悪の事件となった。犯人は，この大学の男子学生でアメリカに移住してきた韓国出身の23歳。友だちはほとんどいなかったという。

　頭も良く，一見ふつうの青少年だが，性格の偏りがあり，強い孤独感，疎外感をもち，現状に不満を感じている。からかわれたり，いじめられたりすることに敏感で，世の中は不公平だと怒っている。暴力やオカルト的な思想に傾倒し，落ち込むことでさらに判断力がゆがみ，人生は生きる価値がないと考え，自分を殺し，他人を殺す。彼もまた，典型的なスクールシューター（校内銃乱射犯）だった。

　彼は犯行声明の中で，自らを「イシュマエル」と名乗っていた。イシュマエルは，旧約聖書の登場人物で，イスラエルの父アブラハムと女奴隷ハガルとの間に生まれた子である。正妻の子が生まれた後，荒野をさまよったために，西欧ではしばしば放浪者の象徴とされている。しかし実は旧約聖書を読むと，イシュマエルは神に守られ，アラブ人の祖先になったとされている。

　同大学のクリスチャン韓国人グループの会長は，インタビューに答えて次のように語っている。

　「私は，彼の顔も知らなかった。知っていれば，少しは彼の力になれたかもしれないのに」

　凶悪事件を起こす青少年は，孤独と絶望感に押しつぶされた人々である。殺意を抱いている人に殺人を実行させる方法は，だれも彼に話しかけないことだという。本当は周囲に助けがあっても気づくことができない人に，君も一人ではないと伝えていくことが大事だろう。

図9-7　ハガルと荒野のイシュマエル

10章 環境の心理学

　人生を過ごしていくうえで、私たちはたびたびこれまで慣れ親しんだ環境から新たな環境へと移り変わることを経験する。人生のできごとや移動によって自分のおかれている環境が変わること、またそこに生じる状態のことを環境移行という。環境移行は、進学、就職、転勤・転居、結婚など人生のライフイベントで生じ、私たちはその時々で新たな環境に適応していくことが求められる。その変化にうまく適応していく人もいれば、適応しきれずに強いストレス反応を示す人もいる。環境移行は、私たちを取り巻いている環境が人の心や行動に影響を及ぼし、また、私たちも環境にはたらきかけることによって環境そのものに影響を及ぼすことの一例である。このような人の心や、行動と環境との一連の関係を追究する心理学の分野を、環境心理学という。本章では環境心理学で取り扱われる内容、とくに具体的な環境と人の心や行動との関係について考えていく。

1節　環境とは

1　人と環境とのかかわり

　環境とは、私たちの周囲を取り巻くものごと、ということができる。したがって、自分の周囲にいる人は環境の一部であるし、目の前にある机やイスも、今いる場所や空間も環境の一部である。さらに、私たちの生活を支えている法律や制度も環境の一部といえなくはない。これらはそれぞれ対人的な環境、物理的な環境、社会的な環境、といいかえることができる。従来、心理学では、主に人の発達に影響を及ぼす要因として、環境の問題が取り上げられることが多かった。それは遺伝要因と対で取り上げられ、私たちが発達を遂げるには生まれながらに親から受け継ぐものばかりではなく、私たちを取り巻く環境とのか

かかわりをとおして身につけていく要因も無視してはならないのだというように，どちらかといえば生活体の外部のすべてというような包括的なとらえ方をすることが多かった。

しかし，環境心理学で扱う環境は，たとえば人工的な建造物，自然の景観，生活の場所，人と人との間にある空間など，「そこにあるものごと」としての具体性をもった環境である。そして，これらの具体的な環境が私たちにどのような影響を与えるのか，それに対して私たちはどう反応し環境へのはたらきかけを行うのかという，人と環境との相互作用の過程を考えるのである。部屋の模様替えをしたら気持ちが明るくなったとか，家では勉強する気にならないがカフェのお決まりの席では勉強がはかどるなどは，人と環境とが相互に影響し合っていることのよい例であるといえよう。

2 地理的環境と行動的環境

私たちが意識する，しないにかかわらず，環境からもたらされる刺激は私たちの生存にとって重要である。では，私たちが意識する環境とはどういうものであろうか。例をあげて考えてみよう。

Aさんは昼間，自室で1人読書をしている。外を自動車が通ったり人々が話をしながら通り過ぎたりするが，Aさんは読書に没頭している。部屋には時計があるが，秒針が時を刻む音さえ気にならない。そのうち日が陰って部屋が暗くなってきた。Aさんはふと本から目を離し，部屋の灯りをつけた。

この例の中で，Aさんの周囲には多くの環境を構成する要素が存在している。本，外を通る自動車の音や人々の声，時計の音がそれである。それらのうち読書に没頭しているAさんの行動に影響を与えているのは，本という要素である。しかし，それ以外にもAさんの行動に影響を与えた環境の要素がある。日の光である。つまりAさんを取り巻く環境の中には多くの要素があったが，Aさんの行動に影響を与えたのは本と日の光であった，ということになる。

このように，私たちの周りには多くの環境を構成する要素があるが，私たちはそれらをすべて意識しているわけではない。つまり，私たちの周りには確かに存在するものの私たちに直接影響を及ぼさない環境と，私たちに直接影響を及ぼす環境がある。コフカは，前者を地理的環境，後者を行動的環境と区

10章 環境の心理学

別してとらえ，人と環境との相互作用を考えるきっかけをつくった。後にこの考えはレヴィンの生活空間（図10-1）の考えに受け継がれ，彼は人の行動（behavior）はその人（person）と環境（environment）との関係で表すことができることを $B = f(P \cdot E)$ という公式で表した。

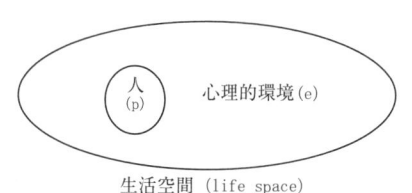

図10-1 生活空間（レヴィンによる）
※ 人(p)は心理的環境(e)に存在しており，それらがともに存在する場所が生活空間（life space）となる。心理的環境の外側を知覚すれば，人はそれも心理的環境として取り込み，生活空間は広くなる。

2節 環境認知

1 都市のイメージ

あなたが見知らぬ土地を初めて訪れたとしよう。初めて乗る電車から今までに来たこともない駅に降り立ち，その駅から地図を頼りに目的地まで向かわなければならない。このようなとき，あなたは実際の距離以上に目的地までの距離を長く感じ，疲労を感じるのではないだろうか。しかし，何度も同じ場所を訪れていると，その距離に慣れてきて，当初感じた距離の長さや疲労は感じなくなるかもしれない。

私たちは，絶えず環境からの情報を受け取り，その情報とすでに頭の中にある情報を併せて利用していろいろなことを考え，行動をおこす。この一連の過程を環境認知という。上述の例は，私たちが感じる距離（認知的距離）と実際の地図上の距離（物理的距離）との間にギャップが生じることがあるというもので，この例に限らず，私たちはさまざまな場面で環境を認知している。

私たちが今どこにいるのか，どこに向かっているのかを知ろうとするときに何を手がかりにするのだろうかということも，環境認知のテーマの1つである。環境の中には様々な手がかりがあり，私たちはそれを有効に使って周囲の環境を理解する。リンチは，アメリカのボストン，ジャージ・シティ，ロサンゼル

図10-2　周囲から目印となるようなビル

スの3都市を対象として，私たちが都市のイメージを形作っている環境の手がかりは何であるかを，スケッチマップ法とよばれる認知地図を描く方法で明らかにしようと試みた。認知地図とは，私たちが経験によって獲得した環境情報の総体のことで，その様子をあたかも地図を描くように表現する方法がスケッチマップ法である。リンチはスケッチマップの結果から，都市のイメージが以下の5つのタイプの手がかりから理解されていることを示した。

(1) パス（経路，道路）：自動車用の道路や歩道など，人々が移動のため使っている，あるいは使う可能性のある経路のこと。
(2) エッジ（縁）：川や長い塀など，場所の連続を遮る線状の要素のこと。
(3) ノード（接合点，集中点）：鉄道駅や広い道路の交差点など，都市内部の主要な機能を持つ地点のこと。
(4) ディストリクト（地域）：繁華街としての新宿歌舞伎町やビジネス街としての東京丸の内など，都市の中にある特定の特徴と一定の広がりを持つ地域のこと。
(5) ランドマーク（目印）：高層ビルやタワーなど，離れて見て視覚的に目立つ目印のこと（図10-2）。

リンチは，私たちが都市のようなある程度の広がりのある空間を理解するときは，この5つの手がかりによってその空間のイメージを形作っており，イメージのしやすさを高めることが楽しく美しい環境にとって最も重要であると考えた。これらの要素が計画的に配置されている都市は，理解しやすく迷うことも少ないが，無秩序に配置されていると都市の全体像を把握することが難しくなり，道に迷うことも多くなる。しかし，歴史ある都市の複雑な旧市街や大きな市場では，その迷路のような構造が魅力になることもある。このような場合には，人通りが多く賑やかなことや境界がはっきりしているために，最終的には大きなトラブルに陥らないと感じるので，迷うような感覚が大きな不安とはな

らず，未知の世界をさまよい，新しいものに出会う期待が好ましい感覚を生み出すのだろう。

2 コミュニケーションにおける空間の使用

コミュニケーションとは，極めて簡潔にいえば，2人以上の人の間で情報を分かち合うことである。私たちが他者とコミュニケーションをとる場合，様々な手段を用いて情報を分かち合い，理解し合おうとするが，その際に空間の使用を手段として用いることがある。これらの私たち人間を含めた生活体のコミュニケーションのための空間行動を総じてプロクセミクス（proxemics）とよぶ。

　a　パーソナルスペース　ソマーは，私たち個々人が身体の周りにまとっている空間のことをパーソナルスペースとよんだ。この空間が他者とのコミュニケーションをとるときの手段として使われることがある。自分のパーソナルスペースを意識するには，こんな場面を想像してみるとよいだろう。あなたの目の前には，見知らぬ人がある距離をおいて立っている。その人が，あなたの顔を見ながら，無言のまま，あなたの方へ少しずつ近づいてくる。あなたはそのとき，どんな行動をとるだろうか。あまりに近づかれすぎると，窮屈に感じて後ろにのけぞったりするかもしれない。あるいは，これ以上は近づかないでほしいと相手に申し出るかもしれない。

　このように，私たちはこれ以上人から近づかれると苦痛や不快を感じるという一定の距離をもっている。相手にどこまで近づかれても平気かという距離は，相手との関係によって変化する。見知らぬ人に近づかれるほうが，親しい間柄の人に近づかれるよりも苦痛や不快を感じやすいだろう。ホールは，いろいろな他者に対してどのような距離をとるかということから，パーソナルスペースを4つに分類している。

(1) 親密距離（0～45cm）：親子や夫婦など極めて親しい間柄で観察され，ひそひそ声でも話が通じるような距離。

(2) 個人距離（45～120cm）：友人，知人など親しい間柄で観察され，相手と視線を合わせて話したり握手したりするような行動が生じる距離。

(3) 社会距離（120～350cm）：商談や重要な仕事上の相談など主にビジネ

スの場面などで観察され，社会的な交渉事が行われるような距離。

(4) 公衆距離（350～700cm）：講演会における演者と聴衆の間や一般人が社会的要職にいる人と話をするような場面で観察され，大きな声で話さないと内容が伝わらないような距離。

図10-3　ふさわしい距離をおいて座る様子

このように，私たちは他者とのコミュニケーションを一定の物理的距離を保つことで調整している（図10-3）。また，これらの距離は，その人が所属する文化的背景などによって変化することがある。たとえば，日本人よりも中東の国々の友人同士の方が自然にとられる距離が狭いことが知られている。

b　テリトリー　テリトリーはなわばりと訳される。パーソナルスペースが個人の携帯する空間であり，個人が動けばそれとともに移動するのに対して，テリトリーは場所に固定されていてそれ自体は動かない。ときに，私たちはいろいろなサインを用いてその場所の所有者が自分であることを周囲に知らしめようとする。こうしたなわばり行動を行うことをテリトリアリティという。たとえば，予備校や図書館の学習室の机にバッグをおいて自分の場所だと主張するなどは，テリトリアリティの例である。バッグは誰かにその席が所有されていることを示すサインとなる。バッグの持ち主が席にいなくても，誰かがそこに座ることはまずないだろう。

テリトリーは，極めて私的なものから公共性の高いものまで，一次的テリトリー，二次的テリトリー，公共テリトリーの3種類に分類できる。

(1) 一次的テリトリー：ある特定の個人または集団に継続的に使われている極めて私的なテリトリーのことである。たとえば，自宅や自宅の自分の部屋，職場の個室などである。そこへの見知らぬ他者の無断の侵入は，テリトリーの所有者にとって大きな不快感をもたらす。あるいは，他者をこのテリトリーに迎え入れることにより，相手に対する歓迎や相手に自分の威を示すという意味合いを込めることもある。

(2) 二次的テリトリー：一次的テリトリーほど私的なものではなく，公共性も備えており，ある程度継続的に使われ，ある特定の個人または集団にとって特別な意味をもつテリトリーのことである。たとえば，図書館のお気に入りの席や大学の学生食堂のいつも座る場所，職場の机などである。そこへの見知らぬ他者の無断の侵入は，テリトリーの所有者にとって一時的に不快な感じを抱かせることもあるが，一次的テリトリーほどではない。

(3) 公共テリトリー：極めて公共性が高く，一時的に使われるテリトリーのことである。たとえば，公園や遊園地，飲食店などである。そこに侵入することが多くの人に認められ，共有できるテリトリーのことである。他者と一緒にいることによる不快感もさほどではなく，むしろ一緒にいることが楽しみを増してくれることもある。

　c　プライバシーの維持　　私たちは，パーソナルスペースやテリトリーによって，言語に頼ることなく他者との関係を調整することがある。そして，それは私たちのプライバシーを維持・調節するはたらきを発揮する。この場合，プライバシーとは，人が自分のことについて何を他者に伝えるか，誰にそれを伝えるかを選ぶ選択の自由をもっていることを意味する。ところが，私たちは自分のプライバシーが確保できない状況では，しばしば心身ともに不健康な状態に陥ることがある。アルトマンは，プライバシーには欲求プライバシーと達成プライバシーがあり，双方のバランスがとれているときが私たちにとって最適な状態であると指摘している。欲求プライバシーとは，私たちがこうあってほしいと感じる選択の自由のことであり，達成プライバシーとは，私たちが実際におかれている環境の中で現在満たされている選択の自由のことである。パーソナルスペースやテリトリーの使用，あるいは言語的な手段によって他者との関係をはかる中で，欲求プライバシーが過剰になったり，達成プライバシーが過剰になったりすることがある。アルトマンは，欲求プライバシーが過剰になると私たちはクラウディング（混み合い感）を感じ，達成プライバシーが過剰になると社会的孤立を感じるというモデルを示した（図10-4）。

　互いに見知らぬ人で満員のエレベーターの中は，多くの場合，欲求プライバシーが過剰になっている状態であろう。顔を背けて互いに視線が合わないようにしているのは，クラウディングを回避する方略の1つであると考えられる。

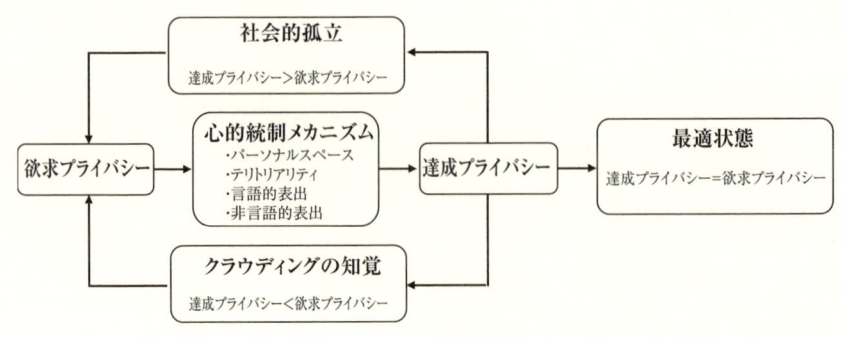

図10-4 プライバシーについての考え方（アルトマンによる）

　また，あまり親しくない人に必要以上に馴れなれしくすると，相手に不愉快に思われてしまうことがあるのは，多くの場合，達成プライバシーが過剰になっている状態であろう。そのようなときは，相手から「引かれて」しまい，気づいたときには周囲から「浮いた存在」（社会的孤立）となっているということになりかねない。

3節　環境の評価

1　環境評価

　私たちにとって居心地のよい環境とはどのような環境だろうか。私たちはどんな方法で自分の周囲の環境の良し悪しを決定するのだろうか。一般に，環境の良し悪しは，私たちが周囲を知覚し，その環境が好きか嫌いか，美しいか醜いか，魅力的かそうではないかなど，様々な環境の特徴を判断することによって行われると考えられる。こうした判断を環境評価とよぶ。
　環境評価には，個人による環境の情動的な評価（appraisal）と，ある基準に基づく環境条件の査定的な評価（assessment）の2つがある。前者の評価は私たちの環境をとらえる主観的・心理的な規準や機能を明らかにすることが目標とされ，後者の評価は既に存在する環境が適切に運用されているかどうかを客観的に判断し評価することが目標とされることが多い。いずれも，私たちがどのような規準で環境を評価するのかという尺度の開発に重点がおかれている。

2　環境の情動的評価

　私たちの環境に対する評価基準を明らかにするためには，私たちが環境をどのようにとらえているかを理解しなければならない。そのためには，その環境がどんな環境であるかを明らかにするための評価尺度を作成する必要があり，そこから環境を評価する基準が考えられてきた。

　たとえば，ラッセルは私たちが自然景観をどのような観点で評価するのかという研究をとおして，環境の情動的評価を「快適（快―不快）」と「覚醒（活動―非活動）」の2つで表されるとし，この2つの組み合わせから，①興奮，②リラックス，③ストレス，④退屈という4つの次元で環境を評価していると主張した（図10-5）。

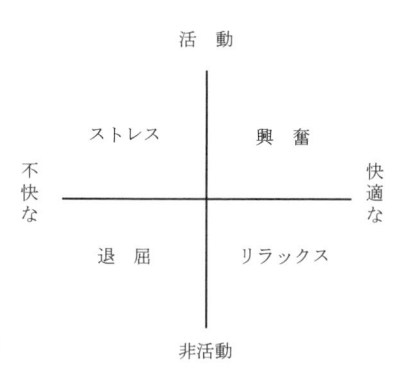

図 10-5　景観評価の情動的意味の次元
（ラッセルによる）

　また，カプラン夫妻は同じく自然景観の評価研究から，「人は情報を探索する存在であり環境がその情報源になる」という理解のもと，環境を二次元的特性（見てすぐわかる特性）と三次元的特性（時間をかけて推測される特性）に分けてとらえた。そして，それぞれの特性を私たちが理解したいか，探索したいかという2つの見方を組み合わせて，①一貫性，②複雑性，③明瞭性，④神秘性という観点から評価しているのではないかと主張した（表10-1）。

　私たちは一般的に，わかりやすくまとまっている環境を好ましく感じるが（一貫性，明瞭性），これによれば，その奥にどのようなものが潜んでいるのかを推察できるような面白みのある環境をも好ましく感じることになる（複雑性，神秘性）。複雑性や神秘性は，たとえば，自然の中を散歩しているときにゆるやかに道が曲がって先が見えないけれどもその先への期待や興味を抱かせるような状態である。ただ，先が見えない状態とは身の危険を感じさせることもあり，複雑性や神秘性が高いからといって，必ずしも好ましい環境とは限らない。

表 10-1　景観の好ましさを規定する要因
（カプラン夫妻による）

	理　解	探　索
二次元的特性	一　貫　性	複　雑　性
三次元的特性	明　瞭　性	神　秘　性

3　環境の査定的評価

査定的評価の例としては，POE（post-occupancy evaluation）があり，入居後評価などと訳される。POEは人工の構造物が造られそれが使用された後で，その使用の状況について使用者からの評価を求める手法の総称である。その主な目的は，構造物がデザイナーや設計者の事前の計画に沿って運用されているか，運用にあたって使用者に不具合な点がないかなどを調べ，その結果を後に生かすことにある。ここでの評価は，たとえば室内の照度，温度，湿度など物理的に測定しやすいものに加えて，使用者の快適性や使い勝手など，情動的な評価も含み，物理的な指標と主観的な評価との対応関係に基づいて，使用者にとっての使いやすい環境の構築がめざされる。

4節　環境と犯罪行動

1　環境デザインと人間行動

環境デザインと人間行動とのかかわりは，環境心理学の主要な関心事である。この関係を考えるきっかけの1つに，対人的な交流を促進する社会求心的な（sociopetal）デザインと対人的な交流を抑制する社会遠心的な（sociofugal）デザインがある（図10-6）。これらは，1950年代のアメリカのある老人病棟のデイルームで過ごす老人患者たちの観察から導き出された考え方である。この部屋にはベンチが備え付けられていたが，壁に沿って直線的に並べられており，

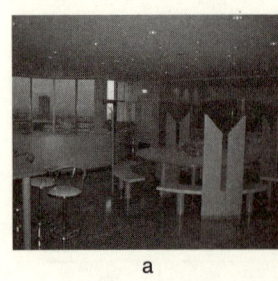

図10-6　ベンチのデザイン
a：社会求心的なデザイン　b：社会遠心的なデザイン
c：座り方によって社会求心的にも社会遠心的にもなるデザイン

患者同士の交流は希薄であった。そこで，部屋の中央にテーブルをおき，その周りを囲むようにイスを配置してしばらくすると，患者同士の交流が頻繁に見られるようになった，ということに由来する。

このように，環境デザインと人間行動とは密接なかかわりがあることが指摘されてきており，近年では環境デザインを地域住民の安全対策に役立てようとするいくつかの試みもある。本節では，私たちの身の安全を守るという観点から，環境と犯罪という人間行動との関係を示すいくつかの取り組みについて取り上げる。

2 環境設計による犯罪防止

犯罪がおこりやすい（あるいはおこりにくい）環境というのはあるのだろうか。犯罪という人間行動を考えるときに，犯人の個人的特性に注目する以外に，環境とのかかわりを考える取り組みがある。環境とのかかわりから犯罪の防止や地域住民の犯罪不安を低減しようとする取り組みは主にアメリカで普及し，CPTED（Crime Prevention Through Environmental Design：環境設計による犯罪防止）とよばれた。

この流れに沿うもののなかに，ニューマンの守ることのできる空間の研究がある。これは，どのような特徴をもつテリトリーが他者の侵入を防ぐのか，ということを探求したものである。守ることのできる空間の考え方が生まれた背景のひとつに，アメリカはセントルイスのプルイット・アイゴー（Pruitt-

図10-7 プルイット・アイゴーの高層公共集合住宅(a)と荒廃の様子(b)
（Defensible Space のホームページによる）

Igoe）の高層公共集合住宅を対象とした研究がある。この住宅は取り壊されて現存しないが，建築当時は極めて優秀な建築作品として評価された。しかし，後に地域の平均をはるかに上回る犯罪発生率に悩まされることとなった（図10-7）。その原因を調査したニューマンは，住民にとって守りやすい，すなわち部外者の侵入を防ぎやすく防犯性を向上させる原則として，以下の4つを提唱した。プルイット・アイゴーの高層住宅は，これらの点が欠落していたために高い犯罪発生率を示したのだとされた。

(1) 物理的障壁の存在：物理的障壁とは，ドアや鍵，高いブロック塀など，部外者の侵入を物理的・直接的に防ぐ設備のことである。

(2) 象徴的障壁の存在：象徴的障壁とは，その領域の所有を象徴的に示すサインのことである。たとえば，敷地内に芝生を植え敷石をして公共道路との違いを示したり，乗り越えられる程度の植栽や垣根を設けるなどが，象徴的障壁に該当する。これは，直接的に部外者の侵入を防ぐものではないが，この障壁によってテリトリーを暗示することが防犯性の向上につながるとされた。

(3) 自然監視・見通しのよさ：空間全体を監視できるかどうか，しかもその監視は何気ない自然な監視を部外者に感じさせられるかどうかということである。すなわち，その空間全体を通して死角がなく，どこにいても人の目を感じる空間は防犯性が高い空間であるとされる。また，居住エリアのほかの施設との併設のあり方への配慮として，見通しを確保することも必要である。見通しのよさは部外者の侵入と犯罪を抑止するのに役立つとされた。

(4) 環境イメージのよさ：その環境に住民がよいイメージを持ち，そこに暮らしていることが誇らしいと感じられることが必要であるとされた。誇らしさを抱くことによって，その環境を維持・運営する主体として住民がかかわることが可能となる。逆に，そこに暮らしていることに誇らしさをもてなければ，自分の周囲の環境をよくするように努めることをせず，結果として，治安が悪くなりその場所での犯罪発生を促進する傾向が生じやすくなるとされた。

では，侵入者にはこのような環境はどう映るのだろうか。犯罪歴のある人を

対象とした調査によれば，物理的障壁は乗り越えられるものであり，場合によっては侵入者の身を隠す覆いにもなると捉えられ，象徴的障壁と環境イメージのよさは住民の貧富の状態を示すことになり，かえって侵入の目標が絞りやすくなると理解されていた。最も嫌われたのは，自然監視・見通しのよさであると報告された。これは，防犯には環境を整えるだけではなくそこの住民が一体となって防犯に努めることの必要性を示している。

3　地理的プロファイリング

犯罪がおこると，犯人がどのような人物か，あるいは犯人がつかまっていなければどこに身を隠しているのか気になるものである。犯罪が発生した犯行現場のさまざまなデータから，犯人の行動や犯人像を科学的に推定する技法をプロファイリングという。プロファイリングは事件を完全に解決してしまう技法と思われがちだが，実際には捜査の意思決定を支援する「道具」として捉えられるべきものである。

従来のプロファイリングとは，同一犯の犯行と思われる連続犯罪の事例を分析して，たとえば性犯罪など特異犯罪を計画性のある秩序型と突発的に起こす無秩序型に分けるなど，犯人の人となりを推定することを目的とした臨床的プロファイリングが主であった。これはアメリカの連邦捜査局（FBI：Federal Bureau of Investigation）の行動科学課を中心にその技法が発展してきたという背景から，FBI方式のプロファイリングともよばれる。

一方，同じく同一犯の犯行と思われる連続犯罪の事例を対象として，犯行地域など多くのデータに基づいた行動分析から，犯人の活動領域や居住地域を推定する地理的プロファイリングという技法がある。これは，主にイギリスのリバプール大学のカンターらを中心に発展してきたという背景から，リバプール方式のプロファイリングともよばれる。この背景にあるのは，「犯人の行動は合理性があり，自分の利益となるような選択と意思決定を行い，それはある程度一貫しており，理解可能である」，「犯行現場の選択の基準は，逮捕につながる危険性と労力とを最小限にしながら，犯行の動機を満たすことである」，「犯人の犯行地点選択は，犯罪者と物理的・社会的環境との相互作用で決定される」という3つの考え方である。では，どのような手法で犯人の活動領域を推定し，

それはどの程度正確なのだろうか。活動領域の推定にはいくつかの方法があるが，ここではサークル仮説と地理的重心モデルを簡単に紹介する。

　a　サークル仮説　カンターらによるサークル仮説は「連続犯の居住地もしくはそれに準ずる拠点は，もっとも離れた犯行地点を直径とするサークル（円）の内側に存在する」というものである。それは以下の根拠によるとする。

(1) 最初の犯行は，自分の生活圏の近辺では顔見知りが多く身元が判明する危険があるので，犯人自身の活動拠点からは少し離れた，しかし，ある程度は自由に行動できるような活動範囲に含まれる場所でおこる。

(2) 第2の犯行は，最初の犯行地点が捜査拠点になり住民の警戒も高まるので，最初の犯行地点とは別の方向の，ある程度自由に行動できる場所でおこる。

(3) 第3の犯行は，第2の犯行とは別の方向で離れた場所で行われ，第4，第5の犯行も同じ原理で選択される。

このようにして，最初の犯行を中心に同心円状に犯行が広がっていくと考えるのである。カンター自身の扱った連続犯罪では87％がサークル内に犯人が住んでいたことを報告している。ただし，居住地が必ずサークルの中心地域に位置するとは限らず，道路網や地形，犯人のもつ認知地図のゆがみなどの影響を受ける可能性も指摘されており，サークルの中央から偏る場合も多い。また，サークルに犯人の居住地やそれに準ずる拠点が含まれないケースもあり，後に仮説に該当する犯罪（拠点犯行型）と該当しない犯罪（通勤犯行型）を区別してとらえるようになった（図10-8）。

　b　地理的重心モデル　カインドらによる地理的重心モデルは「一連の犯行地点との距離の総和がもっとも短くなる地点を重心とし，そこに犯人の活動拠点がある」というものである。この場合，重心を求めるために以下の手順が取られる。

(1) 地図上に犯行現場を示す複数の地点にピンを刺す。

(2) 重心を求めるための新たなピンを用意して，この重心ピンと犯行地点に刺したピンとに糸を結ぶ。

(3) この糸の長さが最短になるような地点を探して，重心ピンを移動させる。これは最もベーシックな方法で，犯人の活動拠点をピンポイントで推定す

10章　環境の心理学

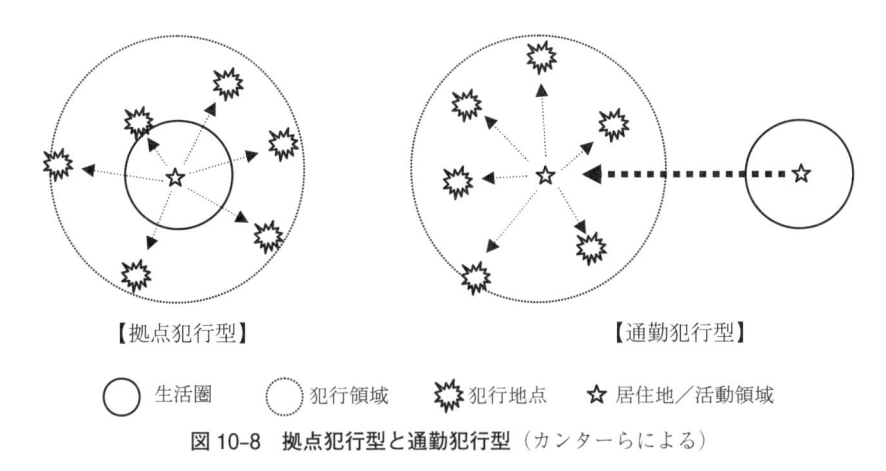

【拠点犯行型】　　　　　　　【通勤犯行型】

○ 生活圏　　○ 犯行領域　　✺ 犯行地点　　☆ 居住地／活動領域

図10-8　拠点犯行型と通勤犯行型（カンターらによる）

ることが期待されたが，それは高望みであった．実際には，重心を基点としてある一定の範囲内に犯人の居住地が存在する確率が高いとされる．たとえば，重心を中心として「各犯行地点から重心までの距離の平均」を半径とする円を描くと，その中に犯人の居住地が含まれる確率が高い（この円の内側は「疑惑領域」とよばれる）というモデルが考案されている．

しかし，サークル仮説も地理的重心モデルもその信頼性と妥当性は確立されたものではない．たとえば，1つの犯行地点が離れていると，サークルを描いた際に膨大な地域が捜査対象に含まれたり，重心を求めた際にその地点の影響が過剰に大きくなるなど，これらの仮説には解決すべき問題がある．また，近年では犯罪種を考慮する必要性も指摘されている．仮説が成立する条件は何か，仮説が成立しない事例の特徴は何かなど，今後の検討課題は多い．

トピックス 10

フィールドに出ること
—まちづくりの活動をとおして—

　東京都世田谷区の小田急線祖師ヶ谷大蔵駅を中心としたエリアには，祖師谷商店街，祖師谷昇進会，祖師谷みなみ商店街の3つの商店街が存在する。2005（平成17）年4月，この3商店街が共同して「ウルトラマン商店街」が誕生し，商店街の活性化に取り組むこととなった。その活動は地域振興にも及び，その母体として世田谷区祖師谷砧地域協議会「ウルトラまちづくりの会」が発足した。これは地元の各町会自治会，3商店街，世田谷区，地域にゆかりのある企業，近隣の大学などから代表者が出席する集まりで，年に3，4回の会合を開き，住民も参加してまちの活性化にかかわる様々な議論がなされる。これ以外にもより小さな会合や委員会が開かれ，商店街の活性化や地域振興の取り組みについての議論が積み重ねられた。筆者は，縁あってこれらの会に参加させて頂く機会を得，会議の議事進行や各種行事の企画・運営などの一端に携わった。

　そこで筆者は，立場や意見が異なる人々が議論をくり返し，様々な意見が1つに集約され，それが実際のフィールドに反映されるという過程を直に体験することができた。このような一連の過程は，現実と向きあいそこに存在する問題の解決を図ろうとする環境心理学の取り組みに相通じるものであった。

　条件統制に基づく実験室実験の方法論や各種調査技法を修得し，それらを駆使して研究を進めることは，心理学を学ぶ者にとって極めて大切な訓練であるが，もし環境心理学に興味や関心を抱いたなら，そのような訓練をするとともに，ぜひ現実のフィールドで訓練により修得したことがいかに活用できるのかということも体験していただきたい。修得したことをうまく活用できる場合もあろうし，そうはいかないこともあるだろう。それを実感し，その中で自分ができることは何かを自覚することは，貴重な体験となるに違いない。

　ただし，フィールドに出るということは，研究以前に，そのフィールドにかかわる人々に対する十分な礼儀と配慮が必要であることも自覚しなければならない。

11章 スポーツの心理学

1節 スポーツと動機づけ

1 人はなぜスポーツをおこなうのだろうか

あなたは,「なぜスポーツをするのですか」と聞かれた時,どのように答えるだろうか。スポーツの語源的意味は,「自分の本来の仕事から離れて,心を他の面に運ぶこと」である。スポーツは,このような遊戯の特性をもちながらルールを定め,組織化されてきた。もともと何かの報酬を得るための手段としてではなく,それ自身のためにおこなわれるものであるとされている。

内閣府がおこなっている体力・スポーツに関する世論調査の中で,1年以内に運動やスポーツをおこなったとする20歳以上の者(1439人)に対してその運動やスポーツをおこなった理由を3つまで聞いたところ,「健康・体力つくりのため」と答える人が一番多く,続いて「楽しみ・気晴らしとして」「運動不足を感じるから」であった(図11-2)。これは健康面を意識して体を動かそうとする時代のニーズを反映する結果といえるだろう。もちろん,その他にも人々の多様化した価値観や,現在,置かれている立場・状況から,スポーツ

図11-1 マラソンに参加する人 (2007.2.19)
※ 提供:読売新聞社

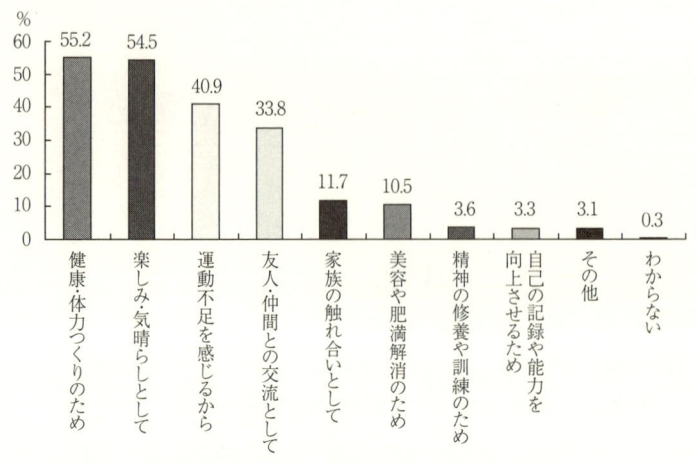

図 11-2 運動・スポーツをおこなった理由（内閣府 2004）
※ 3つまで複数回答

理由	%
健康・体力つくりのため	55.2
楽しみ・気晴らしとして	54.5
運動不足を感じるから	40.9
友人・仲間との交流として	33.8
家族の触れ合いとして	11.7
美容や肥満解消のため	10.5
精神の修養や訓練のため	3.6
自己の記録や能力を向上させるため	3.3
その他	3.1
わからない	0.3

をおこなう理由は人それぞれと考えられる。

スポーツは，楽しさ，新しさ，珍しさ，複雑さなどの要素を含み，生理的欲求としての「活動の欲求」や，人とのふれ合いを求め，人から愛されたいという「愛情の欲求」，自分の存在価値を認めてもらいたい「承認・尊敬の欲求」，自己の可能性を実現したい「自己実現の欲求」などが満足させられる魅力がある。

人がスポーツをおこなうにあたって，どんな理由であれ，直接的，あるいは間接的にそのスポーツに興味を抱いた心の働きがあり，さらにそのスポーツを続けていこうとする心の働きがそこには存在している。

2 動機づけとは

人間に行動を起こさせ，その行動を持続して，ある一定の方向に向かわせる心的な過程を動機づけ（motivation）という。スポーツを続けていくために，また効率の良い練習をするために，そして試合で勝利するために，あるいはドロップアウト（離脱）しないために，この動機づけが非常に大切である。

一般に動機づけの程度（動機づけ水準）が高いほど，競技成績（運動パフォーマンス）も上がると考えられる。しかし動機づけ水準があまりにも高いと，りきんだりあがってしまい，運動パフォーマンスが下がってしまう（図11-3）。

最高のパフォーマンスを発揮できるときは，適度な興奮と緊張があり，集中して冷静な判断ができる心理状態のときである。この状態になるために，適切な動機づけが大切になってくるが，それと同時に自己コントロールできる心理的スキルが必要となる。

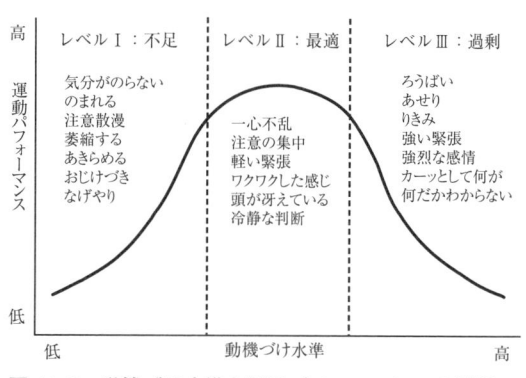

図11-3 動機づけ水準と運動パフォーマンスの関係
※ 杉原隆，1987を筆者が加筆修正

レベルⅠ：不足 — 気分がのらない／のまれる／注意散漫／萎縮する／あきらめる／おじけづき／なげやり

レベルⅡ：最適 — 一心不乱／注意の集中／軽い緊張／ワクワクした感じ／頭が冴えている／冷静な判断

レベルⅢ：過剰 — ろうばい／あせり／りきみ／強い緊張／強烈な感情／カーッとして何が何だかわからない

動機づけは，活動そのものに価値や意味を見いだして行動を起こす「内発的動機づけ」と，活動が何かの報酬を得るための手段となる「外発的動機づけ」に分類することができる。前者は，「スポーツが好きだから」というように，スポーツそのものに魅力を感じて爽快感や醍醐味を求めてそのスポーツをやることであり，後者は「健康のため」，「ダイエットのため」などの手段としてスポーツをやることである。

スポーツにおいて内発的動機づけを高めることがよいとされているが，外発的動機づけによってスポーツに興味をもち，そこから内発的動機づけを高めていくような取り組みも大切である。

3　動機づけ水準を高める方法

a　達成可能な目標を設定する　目標を設定することの重要性はよく知られているが，どの程度の目標を設定するかによってやる気が変わってくる。できるかどうかの確率が五分五分の目標のときが最も動機づけ水準が高くなるといわれている。高からず，低からず，努力すれば達成できそうな目標を設定することが大切である。これは選手の技術水準によっても異なるが，たとえば野球であれば，「1試合の中でヒットを1本打とう」「バントの成功率を10％あげよう」「見逃しの三振をしないようにしよう」などがあげられる。

b　運動した結果を知る　自分のプレー（運動）の結果の知識を得て，エラーを修正していく過程をフィードバックという（図11-4）。ビデオに撮った

自分のフォームを見ることや，指導者からの助言は，修正すべき点を意識して練習できるきっかけになり，練習意欲を高める効果をもっている。

フィードバックの効果的な与え方について西田保(1994)は，以下のように述べている。

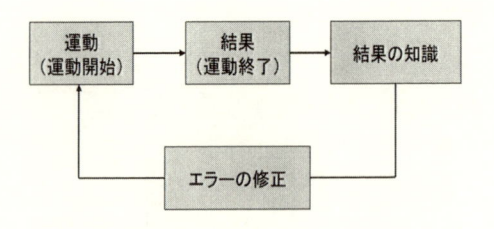

図 11-4　運動におけるフィードバック
※ 落合優編『健康・スポーツの心理学』p37 を参考に筆者が加筆修正

(1) 抽象的な言い方ではなく，活動者が理解しやすいように具体的・簡潔に与える。
(2) 初心者は単純で明確に，熟練者はある程度詳細に与えてもよい。
(3) 練習段階の初期は少なめに，後期は多めに与えてもよい。
(4) 運動した後，できるだけ早い機会に与える。
(5) ほめ言葉として与える。

c　成功と失敗のバランスをとらせる　成功経験は快感情をもたらし，さらなる向上を求める原動力になりやすい。しかし，常に成功を繰り返すと新鮮味がなくなり，動機づけ水準が低下する。また，失敗経験が重なると自信がなくなり，劣等感が芽生えてくる。よって，成功と失敗をバランスよく経験させることが大切である。

d　成功や失敗の原因を努力と考える　試合の後で「相手が弱かったから勝てた」とか「自分の能力がなかったから負けた」と考えるよりも，「一生懸命頑張ってきたから勝てた」，あるいは「これまでの練習が足りなかったから負けた」と考えることがよいとされている。要するに，成功，失敗の原因は自分の努力次第だったと考えることが，次の行動に対して動機づけ水準が高まるのである。

e　行動の主体は自分であると考える　自分の運命は他人によって振り回されている「コマ的感覚」よりも，自分自身が主人公で自ら行動をしているという「指し手的感覚」と考える方が動機づけ水準は高くなってくるといわれる。つまり，普段の練習のときに，指導者にすべて任せきりでやらされている感覚よりも，自分たちで必要な練習メニューを考えるなど，主体的に取り組む感覚

をもつことが，練習効果を上げる秘訣になる。

このほかに有効と考えられる動機づけ水準を高める方法として，適切な賞罰を与える，競争意識・協同意識をもたせるなどの方法があげられる。

2節　運動学習

1　運動学習とは

人間の運動は，目や耳などの感覚器から入ってきた情報を脳などの中枢で処理され，運動反応として出力されるシステムで成り立っていると考えられる。運動技能の習得は，練習をおこない，上記のシステムによって今までできなかった運動をできるようにしていくことである。一般に「練習あるいは運動経験によって起こる比較的永続的な運動反応の変容過程」を運動学習という。

運動学習について学ぶことはさまざまな運動技能がどのようなプロセスで習得されていくのか，その過程でどのような心理的要因が関与してくるのかを考えていくことである。これは，どのようにしたら効率よく運動技能を習得することができるのかを学ぶ手がかりとなる。

2　運動学習の過程

a　運動技能習得過程の3段階　運動技能の習得過程を段階的にとらえると，一般的に初期段階，中期段階，最終段階の3つに分けて考えることができる。
(1) 初期段階：新しく習得しようとする運動技能について理解しようとする段階
(2) 中期段階：練習を繰り返し，フィードバックをしながら安定化が進む段階
(3) 最終段階：無意識的，反射的に動きができる動きの自動化の段階

b　プラトーとスランプ　運動技能を習得していく進歩の過程をグラフに表したものを，練習曲線とよんでいる。運動技能の習得過程には個人差があるが，一般的に図11-5に示すような経過がみられる。

この中にあるプラトーは，それまでに習得した技術の上に新しい技術を得るための準備期間ととらえられる。原因としては学習者の興味や注意が減退したり，悪い癖や間違った方法を身につけてしまったり，新しい学習方法にうまく

ついていけない場合などが考えられる。

スランプは一時的に技能の低下があらわれることで、比較的技術水準が高い場合にみられる。スランプの原因について、鷹野健次ら（1976）は一般的に次のような内容が関与していると考えている。

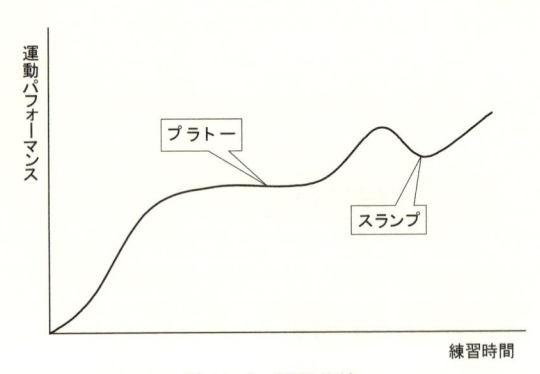

図11-5　練習曲線
※ 中雄勇編『スポーツ心理学』p37 を参考に筆者が加筆修正

(1) 過度の練習による心身の疲労が中心的な原因の場合。
(2) 練習によって技術が固定化、無意識化された動作に、新しい高度な技術を得ようとして意識的動作が加わった場合。
(3) 自分の力不足や人間関係などの精神的な動揺による心理的な原因による場合。
(4) マンネリ化した練習や練習方法に欠陥が有る場合。
(5) 施設、用具など環境条件の不備による場合。
(6) 身体的、精神的に病気になっている場合。

c　レミニッセンス　一般に、練習によって習得された技能は時間の経過とともに忘却されていくものであるが、練習を休止したり、他の練習をしたりするなど、ある期間をおくと、パフォーマンスが向上することがある。このことをレミニッセンスという。原因としては、①休息により疲労が回復する、②妨害的な要因が消失する、③運動を開始する働きをもつ記憶痕跡が安定する、などがあげられる。

d　学習の転移　以前におこなわれた学習が後の学習に影響を及ぼすことを学習の転移という。すでに学習したことが新しい学習にプラスの要因として働く場合を正の転移といい、マイナスの要因として働く場合を負の転移という。バレーのアタック練習が、テニスのサービスをするときの体の使い方に役立つケースは正の転移で、ソフトテニスのスイングを習得した人が、硬式テニスで

苦戦するケースは負の転移といえる。

　一般に，運動技能の練習は，基礎的な技能から複雑な技能へと学習の転移の効果を期待しておこなわれていると考えられる。

3　運動技能上達にかかわる心理的要因

　a　モデリング　見ることによって学習することをモデリング（観察学習）という。自分よりうまい人のプレーを観察して，自分もうまくなろうとする学習方法である。現実におこなわれる試合や，ビデオ映像・写真などを見て，理想のプレーのイメージを脳裏に焼きつけるのである。モデリングにより目標設定をすることもでき，練習意欲の向上も見込まれる。

　b　フィードバック　指導者の助言や，自分のプレーをビデオに撮り，その映像を見ることによって目標と実際の動きの差を把握し，動きを修正していくフィードバックができる。結果がすぐにフィードバックされれば「次はこうしよう」と動機づけの効果も高まる。

　c　イメージトレーニング　実際に体を動かさないで，イメージによる，運動技能の学習や心理的コンディションの調整をおこなうのがイメージトレーニングである。イメージには，ビデオなどで理想のフォームなどを見て得られる「視覚イメージ」と，実際に自分が体を動かしているときの感覚から得られる「運動感覚イメージ」の2種類がある。特に，より鮮明で正確な運動感覚イメージを得ることがよいとされている。

4　言語指導と言葉がけ

　運動技能を習得していく過程で，言葉の果たす役割は大きい。おこなうべき動き，目標とする動きを言語教示として，客観的にできるだけ正確に表現することが求められる。また「ああ，あの感じか」というように学習者が過去の経験によって形成されている動きのイメージによって，直感的・感覚的にわかるような表現も有効である。たとえば「傘を握るように持つ」という比喩や，「ぽーんと蹴る」などのように動きを感覚的に描写する擬態語，「すっ，すっ，はっ，はっ」など動きのリズムをとる言葉などがあげられる。

　また動機づけとなる言葉がけがある。「ナイスプレイ」「いいぞ」などのほん

のわずかな言葉でも有効であり，さらに，その内容がわかる理由をつけ加えると選手も納得する。

3節　メンタルトレーニング

1　メンタルトレーニングとは

　スポーツをしていて，ここ一番というときにあがってしまい，自分のもっている実力を発揮できなかった経験は，だれにもあるのではないだろうか。あるいは試合途中で，集中力が途切れたり弱気になったりして，勝てる試合に勝てなかったこともそうである。このような場面で，普段の実力を十分に発揮するために，いかに心のコントロールをはかるかという課題に対してメンタルトレーニングの必要性が認識されている。

　わが国では 1964 年の東京オリンピックのときに，メンタルトレーニングのさきがけとなる心理的サポートが始まっている。そして今日では，苦しい練習をして「根性をつける」というようにとらえられていた精神面のトレーニングは，心理的スキルのトレーニングとしてとらえられるように変わってきた。吉川政夫（2002）は，メンタルトレーニングについて「スポーツ選手や指導者が競技力向上のために必要な心理的スキルを獲得し，実際に活用できるようになることを目的とする，心理学やスポーツ心理学の理論と技法に基づく計画的で教育的な活動」と述べている。ここではスポーツに関してのメンタルトレーニングについて触れていく。

2　メンタルトレーニングの手順

　a　アセスメント　メンタルトレーニングの最初は，面接や関連の心理テストなどを用いておこなうアセスメント（調査，診断）から始まる。面接ではその選手の競技特性や，練習・試合での様子などを聴く。そのときに，その選手に何が必要なのかを感じとる洞察力をもって面接することが大切である。心理テストは，競技場面での心理的能力を把握する心理的競技能力診断検査（DIPCA.3）（図 11-6）や性格検査等をおこなうのが一般的である。

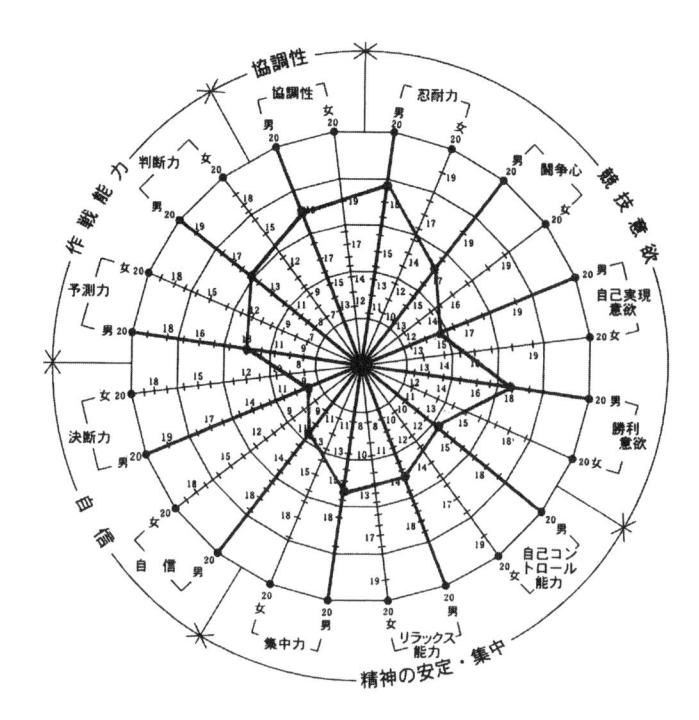

図11-6 心理的競技能力診断検査（DIPCA.3）の尺度別プロフィール

b プログラムの作成 指導者は選手の必要とするねらいや，どのような心理的側面にはたらきかけるか，どのくらいの期間のトレーニングにするかなど面接等で得た情報をもとにプログラムを作成する。

c 技法の学習 その選手が必要としている心理的スキル（競技意欲，緊張・不安コントロールなど）を向上させるための技法を学習し，実行できるようにする。主な技法として目標設定技法やリラクセーション技法などがあげられる。

d 振り返り・評価 実施したプログラムに対して有効性を確かめる意味と，より洗練されたプログラム開発に向けて，多次元的な振り返りや評価が求められる。

e フォローアップ プログラム終結から半年ないし1年後に，その後の状況について検討，把握するフォローアップをすることが望ましい。

3 メンタルトレーニング技法

メンタルトレーニングの中で主幹となるものが技法であるが、ここではその一部を紹介する。

a 目標設定技法 適切な目標設定は、選手の不安を軽減させたり、集中させたり、心理的側面に大きく影響する。また、選手の競技に取り組む姿勢を変える内発的動機づけの役割を果たし、質の高い練習へとつながる。石井源信(1997)は、目標設定に関して次の6つにまとめている。

(1) 一般的で抽象的な目標ではなく、詳しくて具体的な目標を設定する。
(2) 現実的で挑戦的な目標を設定する。
(3) 長期目標も大切であるが、短期目標を重視する。
(4) チーム目標よりも個人目標を重視する。
(5) 勝敗目標よりもプレー目標を設定する。
(6) 目標に対して、その上達度が具体的かつ客観的に評価されるよう工夫する。

b リラクセーション技法 リラックスした状態を自己コントロールによって作り出すことができれば、過度に緊張するような場面では有効である。心構えや、気持ちの切り替えをできるようにするためにリラクセーション技法がある。主なものを以下にあげる。

(1) 呼吸法 呼吸の早さや仕方を意識して調整する呼吸法は、自律神経系を介して心身の状態をコントロールすることができる。一般に腹式呼吸に代表されるような、ゆっくり、深く、呼息（吐く息）を長くする呼吸がリラクセーションに有効であり、早く浅い呼吸が覚醒水準を高めるサイキングアップに効果がある。

(2) 漸進的筋弛緩法 ある一定時間、身体部位に力を入れ筋肉を緊張させた後、脱力し筋肉を弛緩させるということを繰り返しながら、部位を変え、全身のリラックス感を得るものである。そして最終的には心身の交互作用から心身のリラクセーションをめざす方法である。

(3) 自律訓練法 「重い」「温かい」などの自己暗示（公式）によって心理的側面から心身のリラクセーションを得ようとする方法である。そのときに注意することは、ぼんやりとその公式に心を向けること、絶えず公式を心の中に維持すること、また、公式が示す身体部位に心を置くことに留意す

表11-1 自律訓練法の標準練習

	練習項目	訓練公式
背景公式	安静感	「気持ちがとても落ち着いている」
第1公式	重たい感じ	「右(左)腕が重たい」
第2公式	温かい感じ	「右(左)腕が温かい」
第3公式	心臓調節	「心臓が静かに規則正しく打っている」
第4公式	呼吸調節	「楽に呼吸している」
第5公式	腹部が温かい感じ	「胃のあたりが温かい」
第6公式	額が冷たい感じ	「額が涼しい」

※『スポーツメンタルトレーニング教本』改訂増補版 p100 より筆者が加筆修正

ることである。自律訓練法の中心となる標準練習を表11-1に示した。

c　イメージ技法（イメージトレーニング）　イメージトレーニングの方法はいろいろあるが，実際の競技場面についてイメージすることが大切である。試合会場や観客，相手選手，実際の試合や自分のプレーなどを思い浮かべ，良いイメージや勝つイメージをもつのである。心身のリラクセーションを得た後でイメージトレーニングをおこなう方がより鮮明にイメージでき，効果的である。特に競技本番直前におこなう運動技能のイメージ練習を，メンタルリハーサルという。

d　その他の有効となる方法

(1) ルーティン：これは自分のプレーに対して，ある一定の動きのパターンを作り，不安な気持ちをなくし，注意を高めようとするものである。次におこなわれるプレーに対する準備状態を作ることともいえる。たとえば野球で打席に入るときに，「膝の屈伸を1回して，足場をならし，スタンスを決め，バットの先でベースの位置を確認し，ミートポイントを確認してから構える」というように自分のパターンを作るのである。

(2) セルフトーク：自分自身への語りかけがセルフトークである。現在，自分が取り組んでいる課題を達成するために，積極的に，能動的に努力するような言葉を発するのである。「落ち着いていけ」「自分ならできる」「肩の力を抜く」「最後まであきらめるな」などのプラスになる言葉が望ましい。

(3) 暗示呼吸：これは暗示を添えておこなう呼吸である。息を吸うときはプ

ラスになるものを吸い込み，息を吐くときは体の中の嫌なものを全部吐き出してしまう。たとえば息を吸うときは，太陽，力，エネルギー，自信，勇気，やる気を吸い込む。息を吐くときは不安，迷い，疲れ，ストレス，弱気，暗いじめじめしたものを吐き出す。こういう呼吸をしているうちに何となく心が広がって気分が晴れやかになるのである。

4節　スポーツと健康

1　ストレス社会における運動・スポーツの心理的効果

　私たちは，大気汚染や騒音，学校や職場での人間関係や，先行きの不安など，多くのストレス刺激（ストレッサー）に囲まれ，何らかのストレスを感じながら生活している。そしてそのストレスが原因で，心身の不調や疾患が起こっている。そういった症状を起こさないためにストレス対処の方法が必要になり，その一つに運動・スポーツがあげられる。以下にストレスに有効と考えられる運動・スポーツの心理的効果について触れる。

　a　感情の安定・感情コントロール能力の向上　筋肉の緊張と弛緩を繰り返す適度の運動がマッサージ効果となり，筋肉は緊張水準の低下を促され，リラックスする。すると，交感神経の興奮が和らぎ，大脳皮質の興奮水準が低下する。その結果，感情が安定してくるのである。また，長期的に運動を継続することによって，運動と感情状態の関係を理解し，感情をコントロールするコツがつかめてくる。

　b　精神的ストレス耐性の向上　苦しい練習やトレーニングをおこなうことによって，苦痛に耐える忍耐力が高められる。これは精神的ストレスに対する抵抗力（精神的ストレス耐性）を高めるといえる。

　c　自信の高揚　自分ではこれだけのことができるであろうという実行に先立ってもてる予測や確信のことをセルフエフィカシー（自己効力感）とよんでいる。試合や練習の時に起こる「勝利」，「成功」の場面は，自信とともに，このセルフエフィカシーの向上にもつながる。

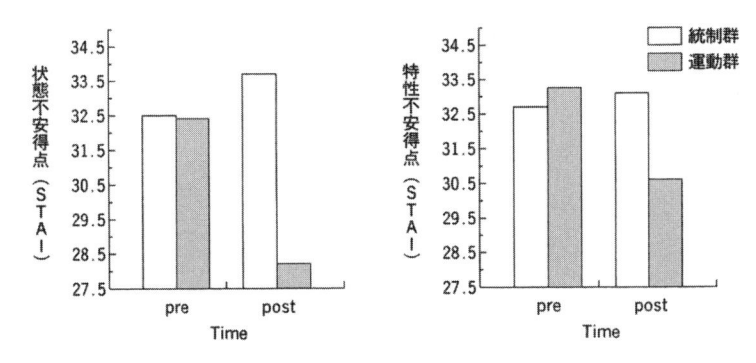

図 11-7　定期的な運動による不安の低減（ブルーメンタル他，1982）

2　身体運動がメンタルヘルス，QOL に果たす役割

　人の健康のうち，主として精神面の健康を対象として，精神障害の予防・治療や，精神の健康促進をはかる諸活動をメンタルヘルスという。また，人がどれだけ人間らしい望み通りの生活を送ることができているか，いわゆる生活の質をみる尺度概念に QOL（Quality of Life）がある。このメンタルヘルスや QOL に身体運動はどのようにかかわっているのだろうか。

　運動やスポーツをして体を動かした後はすがすがしい気分になったり，気持ちが落ち着いたりすることを，私たちは経験的に知っている。そして，研究によって，運動による不安の低減効果（図 11-7）や，抑うつ症状の治療効果があることが確かめられている。また，快感情，リラックス感，高揚感，落ち着き感などの運動固有感情尺度を用いておこなわれた研究では，運動によって感情が改善・向上することが確認されている。そして，どれだけ自分を肯定的に

表 11-2　身体活動がもたらす心理学的恩恵（ISSP, 1992）

- 運動は状態不安の軽減をもたらす
- 運動は軽度-中程度の抑うつレベルの減少をもたらす
- 長期間の運動は神経症的傾向および不安の減少をもたらす
- 運動は重度の抑うつの専門的な治療に追加されるかもしれない
- 運動は様々な種類のストレスの減少をもたらす
- 運動はすべての年代と両方の性において，有益な情動的効果を持つ

※ 日本スポーツ心理学会編『最新スポーツ心理学』p 89 より

とらえるかという，QOL の構成要素にもなっている「自尊感情」は，運動プログラムに参加することによって向上することが報告されている。よって，積極的に運動，身体活動を生活の中に取り入れていくことが私たちのメンタルヘルスや QOL を高めていくことにつながるといえる。国際スポーツ心理学会は「身体活動がもたらす心理学的恩恵」について，表 11-2 のように要約している。

トピックス11

キー（key）となる呼吸

インドのヨガ，中国の気功，日本の禅など，一般に東洋的行法といわれているものには，共通した3つの要素がある。「調身」「調息」「調心」である。大まかに説明すると次のようになる。

調身 …… 体を整えること。安定した姿勢で体を緩め，リラックスできる状態に体をおく。

調息 …… 呼吸を整えること。ゆったりと細く長く呼吸する。吸うよりも吐く方を長くおこなう。

調心 …… 心を整えること。その方法は様々で，ある特定の身体部位を意識したり，数を数えることに集中したり，あるものをイメージしたりし，日常の表面意識を閉ざし，内面に意識を向ける。

この3つの要素を，スポーツをおこなう上で解釈すると，まず，調身は，理想のパフォーマンスを発揮するための基本となる姿勢やフォームをつくることであると考える。また，調息は，興奮した気持ちを落ち着けたり，その逆に気分を高揚させたりするための手段となる呼吸法といえる。また，運動をおこなう上でタイミングをはかる重要な手がかりになると考える。そして，調心は，平常心で試合に臨むために，さまざまな心理的スキルを用いておこなう心のコンディショニングと考えられる。

日本ではスポーツをおこなうときに，一般的に知られている「心・技・体」があるが，この「心・技・体」と息と成績の関係を表したものが右図である。生活を含めた競技環境の中で，心と体と技が息（呼吸）において統合され，成績として結実することを表している。

このことからも，呼吸という行為はスポーツで良いパフォーマンスをするための重要なキーになるといえる。

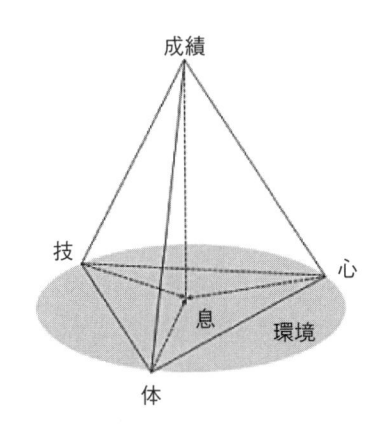

図 11-8　心・技・体と息と成績の関係
（長田一臣，1976による）

12章 心理学の歴史

ここまでの章を読んだみなさんは，心理学という学問が扱うことがらの範囲の広さに驚いたり，あるいは戸惑っているかもしれない。

この章では，心というひとつの対象に対して，過去，人びとがどのように考えてきたのか，そしてどのようなアプローチを試みてきたのかを概略的に述べていく。ここで紹介するのは，長い心理学のあゆみのなかのほんの一部にすぎないが，多岐にわたる心理学を頭のなかで整理するための一助になればと思う。

1節　心理学は19世紀中頃に成立した

心理学の成立の地点として，多くの文献が「ヴィルヘルム・ヴントがライプチヒ大学に心理学実験室を作った1879年」をあげている。誕生時点の特定については議論があるが，心理学という学問が19世紀半ばに誕生したこと，それは研究機関としての総合大学という制度の発達があってこそのものであることは，多くの心理学史研究者の一致した見解である。

1　19世紀までの哲学における心の問題

a　ギリシャ～中世時代　心理学（英 psychology，独 psychologie）が西洋の文献に現われるのは早くても16世紀ごろ，心霊学（pneumatologia）の一部とされた psychologia（ラテン語）であるといわれる。この語のルーツをさらに遡ると，魂を意味するギリシャ語の psyche と理法をさす logos にある。

ギリシャ時代のエンペドクレスは，火，土，水，空気の4元素説を唱え，ヒポクラテスを経てガレノスは，人間の4つの気質を多血質・粘液質・憂鬱質・胆汁質に分類した4体液説を立てた。性格の類型論の始まりといわれる。心を霊魂のような実体としてとらえるのを改め，現在のように心を生活体の機能としたのは『デ・アニマ』で知られるアリストテレスである。彼は心（精神）を

物質に生命を与える作用であると考えた。その考えからすると心は生物全体に存在するものということになるが，植物・動物・人間それぞれのもつ心の機能は階層的に構成されるとした。すなわち，植物の心の能力は栄養の機能に限られるが，動物になると感覚能力，運動能力，欲求が存在し，最高層の人間には思考能力や理性の能力があるとしている。そのほか，感覚や思考，記憶などについても記録を残している。

中世のアウグスティヌスは，内省により真理をしろうとする姿勢を貫いた人物であり，そのやり方は自己研究の源として位置づけられることも多い。行動決定のための自由意志を認めた人物でもあった。

b 理性主義と経験主義

17世紀ヨーロッパの哲学思想界には理性主義（rationalism）と経験主義（empiricism）という2つの大きな潮流があった。前者はヨーロッパ大陸——ドイツ，フランス——で発達したのに対し，後者はイギリスで展開された。この構図を単純化すると，「心理的なはたらきや知識，行動といったものの起源を，先天的（生得的）なものとするか，後天的（経験的）なものとするか」の対立である。

理性主義は大陸合理論とよばれることもある。その代表的な人物デカルトは，著書『方法序説』のなかの「われ思う，ゆえにわれあり」（cogito, ergo sum）のことばで有名なフランスの学者である。真理を追求するために懐疑という方法をとり，懐疑に懐疑を重ねても，疑う自分の存在だけは疑うことができなかったことから，心の存在は物質や身体の存在とは別のものとして存在しているとした。心を，意識と行動の2つの視点から（あるいは一方を認め，他方を否定するようなやり方で）説明しようとする現代にも通ずる試みは，ここに端を発する。また，デカルトは精神を動かすものとして，動物精気説を唱えた。このほか，ドイツの哲学者ライプニッツやカントもまた理性主義者として分類される。彼らに共通するのは心を生得的なものとしてとらえる点である。

これに相対するのがイギリス経験主義（経験論）である。経験論をもっとも端的に表現するのはロックの「タブラ・ラサ」（白紙）ということばであろう。ロックは心を何も書いていない白紙にたとえた。心のなりたちを，白紙に感覚経験を経由して観念が書き込まれていく過程であると考えたのである。経験主

義は,奥行知覚の研究で知られるバークリーや懐疑論でしられるヒューム,ハートリー,19世紀のミルやアレキサンダー・ベインといった系譜で引き継がれていく。経験主義者によると心のなかにできる観念は連合するものである。それゆえ経験論的な心理学を連合主義的心理学ということもある。

2　自然科学的背景

19世紀の心に関する考察の根拠には自然科学的な発見や方法があった。すなわち当時の自然科学,特に生理学や解剖学の発達が心理学の成立を触発した。19世紀はじめ,イギリスのベルとフランスのマジャンディはほぼ同時期に,脊髄の前根と後根がそれぞれ運動性と感覚性のものであることを発見し,神経線維が運動性と感覚性に分化していることを明らかにした。この発見はベル－マジャンディの法則とよばれる。

ドイツのヨハネス・ミュラーは感覚神経の性質は五官（視・聴・味・嗅・触）ごとに異なっていて,各感官それぞれで固有の性質（エネルギー）をもつと考えた。彼のこの考えを特殊神経エネルギー説という。色の知覚におけるヤング－ヘルムホルツの三色説が有名なヘルムホルツはミュラーの弟子である。代表的な著書に『生理光学ハンドブック』（1856-66）と『聴覚論』（1863）がある。ヘルムホルツが提案した「無意識的推論」の発想は,知覚における経験や知識の効果をテーマのひとつとする認知心理学における知覚の問題に通じる。

以上の人物群より時代を100年ほどさかのぼると,ウィーンの解剖学者ガルは情意能力（たとえば,闘争性,慎重さ,同調性）や知的能力（たとえば色彩感覚,計算能力,言語能力）を細分化し,それぞれの機能が脳のなかの特定の領域と結びついているとする局在説を説いた。脳のなかの特定の領域が発達すると頭蓋が隆起すると考え,よって頭蓋の形状から個人の特性を評価する骨相学を提案したことでもしられる。骨相学自体は正しいものではないが,機能局在の発想は現代の脳心理学に明白に通ずるものである。

イギリスのダーウィンが1859年に出版した『種の起源』（On the origin of species）で提出された進化論は,全世界的,全学問的に衝撃をもたらした。心理学への影響も大きく,特に適応の問題,個体差・個人差といった研究テーマへの取り組みを促進した。アメリカを中心に展開された機能主義は進化論の

影響を色濃く受けたものであった。また，イギリスのモーガンに代表される比較心理学や，心理学者における動物研究の理論的根拠として進化論があることはいうまでもない。ダーウィンのいとこのゴールトンは統計的手法を用いた数々の個人差研究や，家系調査による遺伝的天才の研究を実施したことでしられる。

3　フェヒナーと精神物理学

　フェヒナーは個人の内部にある心的過程と物理的な世界の対応関係を科学的データで示す画期的方法を見出した人物として心理学史上重要な存在である。彼によって提出された心身の対応関係に関する考察を精神物理学という。その着想は『精神物理学原論』として結実する。

　フェヒナーは精神物理学を内的精神物理学と外的精神物理学にわけた。内的精神物理学とは身体の内的過程（生理過程）と精神活動との関連に関わるものであり，これに対し外的精神物理学とは身体の外側の世界と精神活動の関係を追究しようとするものであった。前者は当時の科学水準では達成することができないものであり，彼の精神物理学は外的精神物理学にとどまることとなる。それでも，刺激閾概念を導入し，「感覚の大きさは刺激の強度の対数に比例して増加する」ことを見出したフェヒナーの法則は，心理学の重要な公式の一つとして位置づけられ高く評価されている。閾値の測定方法として，丁度可知差異法，当否法，平均誤差法が考案された。これらはそれぞれ，極限法，恒常法，調整法という名で，精神物理学的測定法として現在も用いられている。

4　ヴントと実験心理学

　1832年，南ドイツで生まれたヴントは，ハイデルベルク大学医学部を卒業後，ベルリン留学を経たのち，1864年に母校ハイデルベルク大学において生理学の員外教授の地位を得た。前述のヘルムホルツのもとでは初級学生のための基礎実験の助手を務めた。ライプチヒ大学に着任したのが1875年，同大学に設立した心理学実験室の存在が心理学史上のエポックメーキングとして語られていることは冒頭で述べたとおりである。

　彼の著作には『生理学的心理学綱要』，『心理学概論』，『民族心理学』などが

ある。その心理学の特色は，まず意識を心理学の対象にすえたことにある。意識を探究する手法として内観を採用し，実験的手法を積極的に用いた。ドンデルスが開発した反応時間測定の手法を洗練して使用した。また，ヴント心理学の特徴として要素主義があげられる。彼の心理学の課題のひとつは複雑な意識過程を要素に分析し，要素の結合を証明し，結合の法則を研究することであった。ちょうど化学が元素の結合によって物質を説明するのに似ている。

『心理学概論』のなかで心的要素とされたのは「感覚」と「単純感情」であった。このうち「単純感情」は，快－不快，興奮－沈静，緊張－弛緩の3方向から説明されている。心的要素はそのまま意識に現われるのではない。意識に現われるのは心的要素が結合した結果である心的複合体であるという。心的複合体は，要素のなかには存在しない性質を新たに有する。これを創造的総合の原理とよび，また心のこのようなはたらきを統覚とよんだ。

亡くなる1920年までの20年間に，大著『民族心理学』全10巻が出版された。意識の根底に存在するが意識にはのぼらない部分——生活における慣習，神話，宗教，芸術，法律，言語，文化といった精神活動——を扱ったものである。彼の「心の学問」の構想は意識主義や要素主義といったことばで表されるものにとどまらない，さらに大きなものであった。彼の死後，書店に売り出されたその蔵書は，ライプチヒに留学中の千葉胤成（東北帝国大学の心理学初代教授）が購入した。東北大学図書館に「ヴント文庫」として現存する。

5 各地に設立された心理学実験室

ヴントが主宰するライプチヒの実験室には，世界各地から研究者たちが学びに訪れ，各国の大学に実験室が創設されるに至った。

a アメリカ ヴントのもとで最初に博士号を取得したアメリカ人はキャッテルで，後にペンシルベニア大学やコロンビア大学の心理学実験室を開設した。ヴントが避けた個人差の問題に焦点を当てた人物として知られる。メンタルテストや品等法の開発者であった。

構成主義者として知られるティチナーはイギリス出身であるが，コーネル大学の実験室を率いた。彼がまとめた『実験心理学』4巻は，現在もなお多くの大学で行われている心理学基礎実験のベースというべきものである。

図12-1 反応実験をする1912年頃のヴント（左から3番目）
※アメリカ心理学史アーカイブ（アクロン大学）蔵

ミュンスターベルクはドイツ生まれで新カント派の哲学者としても知られるが，彼もまたヴントのもとで学んでいる。「意識の流れ」で知られるウィリアム・ジェームズに請われハーバード大学に移り，その実験室の運営に努めた。後に産業，裁判といった応用心理学の方面で活躍した。

フロイトを講演の為にアメリカに招いた人物であり元良勇次郎の師でもあるスタンレー・ホールは，博士学位はハーバード大学のジェームズのもとで取得しているが，ライプチヒにも留学している。

b　ドイツ　思考の研究等で知られるヴュルツブルク大学のキュルペ（キュルペやアッハ，マルベといったグループをヴュルツブルク学派とよぶ），ハンブルク大学のモイマンらがいる。

c　日本　当時のライプチヒで学んだ日本人には，心理学者では松本亦太郎，塚原政次，桑田芳蔵，そのほかには井上哲次郎，野尻精一，川合貞一らがいる。

2節　3つの勢力の出現

さて，公式の研究の場を獲得した新学問である心理学は，20世紀を迎えてまもない頃，ほぼ同時期に3つの重要な学派を生んだ。いずれも「心の学問」の対象とその範囲そして方法において重要な示唆を含んだ学派であり，それぞれの誕生からほぼ100年を経過した現代においてもなお，その重要性は評価すべきものである。

1　精神分析

精神分析は，ウィーンの医師シグムント・フロイトによって生み出された心の病いの治療に端を発する独特な学問体系である。フロイトの名前は初めて心理学を学ぶ人でもどこかで聞いたことがあるのではないだろうか。

フロイトは心理学の訓練を受けていないが，心理学への寄与は非常に大きい。

彼の貢献のなかでも第一に評価すべきは，神経症，ヒステリーといった心の病いの発生メカニズムの説明に無意識概念を本格的に持ち込み，患者の無意識に働きかけて治療する有効な方法を見出した点であろう。

　われわれが普段自分の心として感じることができるのは意識であるが，フロイト流にいえば意識というものはまさに氷山の一角であり，その下には抑圧された大きな無意識領域が存在する。最初の頃フロイトはフランスのシャルコーと同様，患者の無意識の解明に催眠の技法を用いたが，後年は自由連想法という新手法を採用した。カウチ（長いす）に患者を横たわらせ，心に浮かんだことを修正や加工なくそのまま語らせるやりかたである。

　リビドー，カタルシス，固着，超自我，エディプス・コンプレックスといったフロイト独特の概念による心の解釈は，客観性や公共性，再現可能性を尊重する既存の科学的な考え方とは，その性質を異にするものであった。よって精神分析の発達は決して順調なものではなかった。フロイトをはじめ，多くの分析家がユダヤ人であった。同時代に台頭したナチスによる迫害もあり，フロイトは晩年イギリスに移住し同地で亡くなっている。

　現代の心理療法の立場には，精神分析的なもののほか，後述のスキナーの学習理論をベースとした行動療法や，ロジャーズに代表されるヒューマニステック・アプローチ，認知の歪みを修正する認知的アプローチ，仏教思想の影響を受けた内観療法や森田療法などさまざまあり，おなじように問題行動の解消や軽減をめざしていても，理論面・技法面において相容れないグループもある。しかし，現代心理学における臨床心理学（心理療法）の隆盛の原点は間違いなくフロイトにあり，その解釈は説得力をもって人びとをひきつけている。

　フロイトの学説は，現代の精神

図12-2　クラーク大学での心理学会合における集合写真（1909年）
※中央の背の高い人物がホールで，その右隣がフロイト，その隣がユングである。前列左から2番目がティチナー，その右隣はジェームズ（クラーク大学蔵）。

分析的心理療法はもちろん，自己，発達，社会といった心理学領域にも深く浸透している。心理学の枠外でも，精神医学はもとより，文学，芸術，哲学，社会学などへの影響も大きく，20世紀の代表的な思想のひとつである。

2 ゲシュタルト心理学

ゲシュタルトとはドイツ語で「Gestalt」，日本語では「形態」にあたる。しかしながらゲシュタルト心理学が研究テーマとするものは，「要素に還元できない全体としての特性」であって，これを「形態」とか「かたち」という語で表現することは困難なため，原語がそのままカタカナ表記で使用される。

それでは「要素に還元できない全体としての特性」とは何か。ゲシュタルト心理学の先駆的研究であるエーレンフェルスの報告「ゲシュタルト質」をもとに説明しよう。彼は，メロディはメロディというひとまとまりとして語るべきものであるとして，その全体がもつ性質をゲシュタルト質とよんだ。1つの全体は，まとまりとしての性質をもつというのである。

現象は要素の総和として説明できない。ゲシュタルト心理学の根本は要素主義に対するアンチテーゼであり，ヴントと同じドイツ（特にベルリン大学において）で展開された。ゲシュタルト心理学の本格的研究の端緒は1912年に発表されたウェルトハイマーによる論文「運動視に関する実験的研究」である。ある2つの刺激を一定の時間間隔で呈示すると2刺激の間にあるはずのない運動が知覚される。これを仮現運動あるいはφ（ファイ）現象という。ネオンサインやアニメーションの原理というとイメージがつかみやすいだろうか。

ヴントは刺激と感覚とが恒常的に対応していることを仮定していた（恒常仮定）が，上記のウェルトハイマーのデモンストレーションは恒常仮定が正しくないことを明白に示している。

ゲシュタルト心理学の業績として群化の法則やプレグナンツの法則などが有名であるが，その扱うテーマは知覚研究にとどまるものではない。たとえばケーラーはチンパンジーを被験体にした実験で，問題解決場面における洞察の過程の存在を指摘している。洞察は行動主義的なS-R結合とはまったく異なる心的過程であり，心理学史的には認知心理学に通ずるものとして位置づけられることが多い。レヴィンは人間の行動を関数$B = f(P, E)$で示した。Bはある

人の行動，Pはその人，Eは環境である。すなわち，人の行動がその人のもつ特質と環境の相互作用によって決定されることを意味する。レヴィンの業績はパーソナリティ心理学やのちの環境心理学への影響も大きい。彼の弟子たちとのアメリカにおけるグループ・ダイナミックスの研究は社会心理学の古典としてよく知られたものである。

3 行動主義

1913年に明確なかたちとなって出現した行動主義の提唱者はワトソンである。シカゴ大学で博士の学位を取得した人物であるが，彼が学んでいたころのシカゴ大学は機能主義的立場からの研究の拠点であった。ワトソンはその影響をうけながらも，従来とは異なる心理学，内観による意識研究をやめることを主張した。

ワトソンが重視したのはデータの公共性，客観性であった。内観という手法を使っての個人の意識の研究は，公共性，客観性を十分に確保することができない。よって心理学は行動を対象とした研究であるべきであると主張したのである。それが端的に表明されたのが1913年，『Psychological Review』誌に掲載された論文「行動主義者からみた心理学」である。

ワトソンの行動主義の特色はS-R結合，末梢主義，環境主義である。S-Rというのは刺激（stimulus）と反応（response）の結合で，行動全体をS-Rの結合から説明しようとしたところからこういわれる。末梢主義とは，ワトソンが神経系のうち中枢よりも末梢の反応，特に筋運動感覚を重視したことを指しているものである。環境主義は，行動決定やその結果に対し環境の影響を重視することである。この特徴が明白に現われているのは，発達を規定するものがなにかを議論する「遺伝か環境か」の論争のうち，環境説を説明するときに，たびたび引用される「私に健康で五体満足な赤ちゃんを1ダース預けてくれたなら，そのうちから1人を選び，どんな専門家にでもしてみせよう」という有名な彼のことばであろう（もっともこの極端な環境説には強い批判が起こった）。

学習過程を説明する行動主義の先駆者のひとりにソーンダイクがいる。彼は学習過程を試行錯誤学習や効果の法則から説明したが，ワトソンと異なりその説にはまだ内的な心的過程の説明が残っている。一方，ロシアの生理学者で

1904年にノーベル賞を受賞したパヴロフによる条件反応（中性刺激と生理的反応との結合）は，学習理論の根拠として大いに言及された。

　行動主義は1930年代になると，トールマン，ハル，スキナーといった新たな世代の研究者たちに受け継がれた。彼らは新行動主義者と位置づけられている。ワトソンが心的過程を語らなかったのに対し，彼らは心的過程をそれぞれのやりかたでとりいれた。よって，新行動主義はS-O-R（Oはorganism）の式で表されることがある。このうち特にスキナーの研究は実用化を志向したものであり，その理論は教育過程研究や臨床研究（行動療法）に応用されている。

3節　日本の心理学

　心に関する考察は江戸の時代以前からあったが，心理学という学問もまた，他の多くの学問同様，輸入学問であるという見方が一般的である。日本における初めての「心理学」というタイトルの本は，明治8〜9年にかけて出版された。哲学用語の翻訳家として知られる哲学思想家の西周が，アメリカの神学者ヘヴンのMental Philosophyを訳出したものである。この書が訳出された背景には，東京開成学校（現在の東京大学の前身）での授業科目のひとつとして心理学が設定されていたことが推察されている。加えて師範学校でも心理学がカリキュラムにあり，教育を実践する上で心の学問に対し期待がかけられていたことが推察される。

　明治10年代は翻訳期であり，スコットランドの学者ベインやイギリスのサリーの書が多く訳された。国内で自前の心理学研究が起こるのは，明治20年代，帝国大学（現在の東大）の初代心理学主任教授元良勇次郎の登場を待たねばならない。元良は同志社出身。1888（明治21）年ジョンズ・ホプキンス大学において博士号を取得し帰国後帝国大学に地位を得た。American Journal of Psychology誌の第1巻には，ホールとの共著論文「圧の漸次変化に対する皮膚の感受性」が掲載されている（実際の博士学位論文は"Exchange; considered as the principle of social life"）。彼の帝国大学在職期間中の明治36年，同大学に，日本初の心理学実験室が誕生する。元良の研究は多岐にわたり，理論，知覚，児童，障害児研究などの領域に及ぶ。また，心理学以外の論理学，

倫理学，社会学の分野の著作も多い。専門化，細分化が進む以前の学者ならではの様相を呈している。

　元良の教え子である松本亦太郎（まつもとまたたろう）は，彼独自の「精神動作学」や実験心理学の方面での業績が大きい。心理学の応用を積極的に進めた人物でもある。東大，京大の創立当時の実験室の装置の多くは松本が留学中に購入したものである。

　松本の留学の背景にはアメリカ人学者ラッドの存在がある。ラッドはアメリカ心理学会第2代会長を務めた人物であり，当時の心理学界の大物の1人であるが，明治期に3度来日している。代表作『生理心理学の基礎』はアメリカ国内で6版を数えるほどよく読まれた本であった。

　もう1人元良の教え子に，ジェームズの心理学の紹介者として知られる福来友吉（ふくらいともきち）がいる。催眠研究から透視・念写研究に進み，結果的に東京帝国大学を辞めることになるが，その業績について心理学史的にも再評価の動きがある。

　日本の心理学者のコミュニティである最大の団体「日本心理臨床学会」は1982年に誕生した。2番目に大きな学会「日本心理学会」の第1回大会は1927年に開催されている。日本心理学会の機関誌『心理学研究』は1926年に，それまであった『日本心理学雑誌』と『心理研究』が統合されて生まれた。

おわりに

　心というひとつの対象について，過去，人びとがどのように相対してきたのかをみてきた。書ききれなかった重要な史的トピックがたくさん残っているが，書かれていないがために歴史的には価値が低いものであるというふうに考えないでほしい。今後，特定の心の性質や機能に関する研究史を追求していくことになれば，ここに書かれていなかった人名や学説に出会うことになるだろう。たとえば精神分析的心理療法に興味を抱き，無意識の心理学に関する発達史を調べたときには，哲学者ヘルバルトの業績にふれることになるだろうし，発達心理学史を追究するなら，ホールやワロン，ピアジェの功績を評価することになるであろう。加えて社会的な状況や科学技術の発達など，学説の背景からの影響を考慮する必要もある。ここに書かれたことは，心理学という学問の性質と心理学のあゆみをしるための，ほんの糸口にすぎない。

トピックス 12

一次資料との出会い

　2004（平成16）年の夏のことである。元良勇次郎の生地，兵庫県三田市の市立図書館での調査中，ふと「川本幸民関係資料」というファイルを手に取った。川本幸民（1810-1871）も三田出身。化学史上で高く評価される幕末の学者で，晩年に生地で私塾を開き幼少期の元良を教えた。郷土の偉人ということで図書館でも川本関連のさまざまな資料を整理保存している。ファイルのなかには川本幸民が遺した資料リストがあり，何気なくめくったページに「心理学　川本清一訳　全13分冊」，別の資料に「心理学　川本清一訳　ベイン氏　文部省のために訳す」の文字を見つけたときは本当に驚いた。

　心理学史上，川本清一の名前は『人心論』（明治11）の訳者として登場する程度でほとんど言及されることはなかった。川本幸民の資料は日本学士院（東京・上野）に寄贈されており，幸民の二男で明治政府の官吏でもあった清一の「心理学」もそのなかに現存するというのである。しかもこれだけではない。清一に関する手がかりを得ようとインターネット検索をしたところ，一橋大学図書館の蔵書として川本清一訳のベインの「心理学」がヒットした。

　すなわち，川本によるベインの心理学（Mental Science）の未公刊原稿が2つ存在する。現物を確認すると，日本学士院のものは下書き原稿，一橋大学図書館のものはその清書で文部省に提出されたものであった。

　翻訳作業は明治10年前後と推定される。西周訳の『心理学』（明治8-9），井上哲次郎のベインの日本語版『心理新説』（明治15），川本の別の訳書『人心論』。明治10年代にどのように心理学用語の訳語対応が収束していったか興味深い。

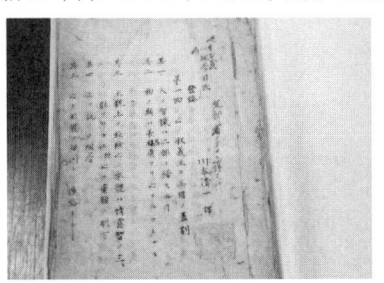

図12-3　川本訳心理学（左：日本学士院蔵　右：一橋大学図書館蔵）
※ 一橋大学版（清書）には「西村」という印が押された書き込みがある。文部省編集局長であった西村茂樹の手によるものだろう。

参考文献

■1章
ポルトマン, A.　高木正孝（訳）　1961　人間はどこまで動物か　岩波書店
エリクソン, E. H.　小此木啓吾（訳編）　1973　自我同一性　誠信書房
ボウルビィ, J.　岡田洋子他（訳）　1976　母子関係の理論Ⅰ　愛着行動　岩崎学術出版社
シング, J. A. L.　中野善達他（訳）　1977　狼に育てられた子（野生児の記録1）　福村出版
井上勝也・長嶋紀一（編）　1980　老年心理学　朝倉書店
高橋恵子・波多野誼余夫　1990　生涯発達の心理学　岩波書店
高嶋正士・藤田主一（編）　1996　発達と教育の心理学　福村出版
関忠文・大村政男（監修）　1997　NEW心理学アスペクト　福村出版
無藤隆・岡本祐子・大坪治彦（編）　2004　よくわかる発達心理学　ミネルヴァ書房
遠藤利彦（編著）　2005　発達心理学の新しいかたち　誠信書房

■2章
大山正　2000　視覚心理学への招待—見えの世界へのアプローチ—　サイエンス社
三浦佳世　2007　知覚と感性の心理学　岩波書店
野口薫　2007　美と感性の心理学—ゲシュタルト知覚の新しい地平—　日本大学文理学部

■3章
オールポート, G. W.　1937　詫摩武俊・青木孝悦・近藤由紀子・掘正（訳）　1982　パーソナリティ—心理学的解釈—　新曜社
安藤寿康　2000　性格の行動遺伝学　詫摩武俊・鈴木乙史・清水弘司・松井豊（編）　性格の理論（シリーズ・人間と性格1）　ブレーン出版
安藤寿康　2006　遺伝と環境　二宮克美・子安増生（編）　パーソナリティ心理学（キーワードコレクション）　新曜社
キャッテル, R. B.　1965　斎藤耕二・安塚俊行・米田弘枝（訳）　1981　パーソナリティの心理学—パーソナリティの理論と科学的研究—　金子書房
河合隼雄　1967　ユング心理学入門　培風館

クレッチマー, E. 1955 相馬均（訳） 1960 体格と性格 文光堂
宮城音弥 1960 性格 岩波新書
大平英樹 2006 脳科学 二宮克美・子安増生（編） パーソナリティ心理学（キーワードコレクション） 新曜社
菅原ますみ 2005 パーソナリティの発達が不適応的に展開するとき：発達精神病理学 内田伸子（編著） 心理学 光生館
杉浦義典 2006 人格障害 二宮克美・子安増生（編） パーソナリティ心理学（キーワードコレクション） 新曜社
詫摩武俊・瀧本孝雄・鈴木乙史・松井豊 2003 性格心理学への招待［改訂版］ サイエンス社
丹野義彦 2003 性格の心理（コンパクト新心理学ライブラリ5） サイエンス社
辻平治郎（編） 1998 5因子性格検査の理論と実際 北大路書房
若林明雄 2004 人格の理論・類型論と特性論 榎本博明・桑原知子（編著） 新訂人格心理学 放送大学教育振興会

■4章
御領謙ほか 1993 最新認知心理学への招待 心の働きと仕組みを探る サイエンス社
遠藤光男 1993 顔の認識過程 吉川左紀子・益谷真・中村真（編） 1993 顔とこころ 顔の心理学入門 サイエンス社
森敏昭ほか 1995 グラフィック認知心理学 サイエンス社
小川捷之・椎名健（編著） 心理学パッケージ Part2 心の世界の扉を開く ブレーン出版
太田信夫・多鹿秀継（編著） 2000 記憶研究の最前線 北大路書房
リンゼイ, P. H. ノーマン, D. A. 中溝幸夫ほか（共訳） 1984 情報処理心理学入門 2 サイエンス社
行場次郎（編） 1995 認知心理学重要研究集1 視覚認知 誠信書房
箱田裕司（編） 1996 認知心理学重要研究集2 記憶認知 誠信書房
ナイサー, U. 大羽蓁（訳） 1981 認知心理学 誠信書房

■5章
今田寛（監修）中島定彦（編） 2003 学習心理学における古典的条件づけの理論 パヴロフから連合学習研究の最先端まで 培風館

伊藤正人　2005　行動と学習の心理学—日常生活を理解する—　昭和堂
実森正子・中島定彦　2000　コンパクト新心理学ライブラリ2　学習の心理
　—行動のメカニズムを探る—　サイエンス社
ローレンツ, K.　日高敏隆（訳）　1987　ソロモンの指環—動物行動学入門—
　早川書房
宮田洋（監修）　柿木昇治・山崎勝男・藤澤清（編）　1997　新生理心理学2巻
　北大路書房
中島義明・安藤清志・子安増生・坂野雄二・繁桝算男・立花政夫・箱田裕司
　（編）　1999　心理学辞典　有斐閣
レイノルズ, G. S.　浅野俊夫（訳）　1978　サイエンスライブラリ心理学9　オ
　ペラント心理学入門—行動分析への道—　サイエンス社
斉藤勇（編）　2005　図説心理学入門 第2版　誠信書房
心理学実験指導研究会（編）　1985　実験とテスト＝心理学の基礎〈実習編〉
　培風館
山口正二　1998　講座サイコセラピー12　リラクセーション　日本文化科学社

■6章

エクマン, P.・フリーセン, W. V.　工藤力（編訳）　1987　表情分析入門—表情
　に隠された意味をさぐる—　誠信書房
濱治世・鈴木直人・濱保久　2001　感情心理学への招待—感情・情緒へのアプ
　ローチ—　サイエンス社
海保博之（編）　1997　「温かい認知」の心理学—認知と感情の融接現象の不思
　議—　金子書房
ディビット・マツモト・工藤力　1996　日本人の感情世界—ミステリアスな文
　化の謎を解く—　誠信書房
高橋雅延・谷口高士（編著）　2002　感情と心理学—発達・生理・認知・社
　会・臨床の接点と新展開—　北大路書房
八木冕（監修）前田嘉明（編）　1969　講座心理学第5巻　動機と情緒　東京大
　学出版会
吉川左紀子・益谷真・中村真（編）　1993　顔と心—顔の心理学入門—　サイ
　エンス社
遠藤利彦　1996　喜怒哀楽の起源—情動の進化論・文化論—　岩波書店
ルドゥ, J.　松本元ほか（訳）　2003　エモーショナル・ブレイン—情動の脳科
　学—　東京大学出版会

■7章

藤田主一（編著）　2002　こころへの挑戦　福村出版
磯部潮　2005　発達障害かもしれない　光文社
伊藤良子ら（編）　2007　臨床心理学　第7巻第3号　金剛出版
加藤伸勝　2001　精神医学　金芳堂
前田重治　2005　図説　臨床精神分析　誠信書房
松原達哉（編著）　1998　最新心理テスト法入門　日本文化科学社
小此木啓吾・深津千賀子・大野裕（編）　2002　精神医学ハンドブック　創元社
末松弘行・河野友信・吾郷晋浩（編）　1996　心身医学を学ぶ人のために　医学書院
渡部洋（編著）　1999　心理検査法入門　福村出版

■8章

安藤清志　1995　見せる自分／見せない自分―自己呈示の社会心理学（セレクション社会心理学1）　サイエンス社
安藤清志・押見輝男（編）　1998　自己の社会心理（対人行動学研究シリーズ6）　誠信書房
池上知子・遠藤由美　1998　グラフィック社会心理学　サイエンス社
押見輝男　1992　自分を見つめる自分―自己フォーカスの社会心理学（セレクション社会心理学2）　サイエンス社
田之内厚三・土屋明夫・和田万紀・伊坂裕子・鎌田晶子　2006　ガイド　社会心理学　北樹出版

■9章

越智啓太（編）　2005　犯罪心理学（朝倉心理学講座18）　朝倉書店
バートル, C. R.・バートル, A. M.　2005　羽生和紀（監訳）　2006　犯罪心理学―行動科学のアプローチ―　北大路書房
細江達郎　2001　犯罪心理学（図解雑学シリーズ）　ナツメ社
作田明・福島章（編）　2005　現代の犯罪　新書館
福島章　1997　ストーカーの心理学　ＰＨＰ新書
碓井真史　2000　なぜ「少年」は犯罪に走ったのか　ＫＫベストセラーズ
渡辺昭一　2005　犯罪者プロファイリング―犯罪を科学する警察の情報分析技術―　角川oneテーマ21
小西聖子　2006　犯罪被害者の心の傷　白水社

厳島行雄・仲真紀子・原聡　2003　目撃証言の心理学　北大路書房
河合隼雄　1997　子どもと悪：今ここに生きる子ども　岩波書店
佐渡龍己　2000　テロリズムとは何か　文春新書

■10章
リンチ,K.　丹下健三・富田玲子（訳）　1968　都市のイメージ　岩波書店
菅俊夫（編著）　2000　環境心理の諸相　八千代出版
笠井達夫・桐生正幸・水田恵三（編著）　2002　犯罪に挑む心理学―現場が語る最前線―　北大路書房
槇究　2004　環境心理学―環境デザインへのパースペクティブ―　実践女子学園学術・教育研究叢書8　春風社
厳島行雄・羽生和紀編著　2005　新訂ベーシック心理学　啓明出版
ギフォード, R.　羽生和紀・槇究・村松陸雄（監訳）　2005　環境心理学―原理と実践―　上巻　北大路書房
越智啓太（編著）　2005　犯罪心理学（朝倉心理学講座18）朝倉書店
佐古順彦・小西啓史（編著）　2007　環境心理学（朝倉心理学講座12）　朝倉書店
渡辺昭一　2005　犯罪者プロファイリング―犯罪を科学する警察の情報分析技術　角川書店
http://www.defensiblespace.com/start.htm

■11章
松田岩男　1967　現代スポーツ心理学　日本体育社
伊達萬里子　2002　スポーツの動機づけ　中雄勇（編著）　スポーツ心理学　嵯峨野書院
石井源信　2002　競技意欲（達成動機づけ）向上トレーニング　日本スポーツ心理学会（編）　スポーツメンタルトレーニング教本　大修館書店
伊藤豊彦　2004　スポーツへの動機づけ　日本スポーツ心理学会（編）　最新スポーツ心理学　大修館書店
杉原隆　2003　運動指導の心理学　大修館書店
和田尚　2000　スポーツの楽しさ　杉原隆ほか（編著）　スポーツ心理学の世界　福村出版
小川政範　1996　健康・スポーツの心理学　青木高・太田壽城（監修）落合優（編）　建帛社

徳永幹雄編　2005　教養としてのスポーツ心理学　大修館書店
竹中晃二編　1998　健康スポーツの心理学　大修館書店
長田一臣著　1995　日本人のメンタルトレーニング　スキージャーナル

■12章
児玉齊二　1988　"PSYCHOLOGY"と心理学―術語学的考察―　安倍淳吉・恩田彰・黒田正典（監修）　現代心理学の理論的展開　川島書店
大山正（監修）　安齊順子（編）　2007　あたりまえの心理学　文化書房博文社
サトウタツヤ・高砂美樹　2003　流れを読む心理学史　有斐閣
梅本堯夫・大山正（編）　1994　心理学史への招待　サイエンス社
ボールズ, R. C.　富田達彦（訳）　2004　心理学物語―テーマの歴史―　北大路書房
ポップルストーン, J. A. & マクファーソン, M. W.　大山正（監訳）　2001　写真で読むアメリカ心理学のあゆみ　新曜社
高橋澪子　1999　心の科学史―西洋心理学の源流と実験心理学の誕生―　東北大学出版会

人名索引

■あ行

アイゼンク（Eysenck, H. J.） 44,104,127
アウグスティヌス（Augustinus） 173
アッシュ（Asch, S. E.） 111,122
アップルバウム（Applebaum, A. G.） 110
アーデリィ（Erdelyi, M. H.） 110
アトキンソン（Atkinson, R. C.） 61
アリストテレス（Aristoteles） 86,172
アルトマン（Altman, I.） 147
アロン（Aron, A. P.） 116
アロンソン（Aronson, E.） 117
石井源信（いしいもとのぶ） 166
ヴィゴツキー（Vigotsky, L. S.） 12
ウィックランド（Wicklund, R.） 113
ウィニコット（Winnicott, D. W.） 135
ウェクスラー（Wechsler, D.） 105
ウェルトハイマー（Wertheimer, M.） 27, 179
ウェルナー（Werner, H.） 14
ウォルピ（Wolpe, J.） 104
内田勇三郎（うちだゆうざぶろう） 107
ヴント（Wundt, W.） 52,85,175
エックマン（Ekman, P.） 84
エーデルソン（Adelson, E. H.） 34
エーレンフェルス（Ehrenfels, C. von） 179
エビングハウス（Ebbinghaus, H.） 60
エリクソン（Erikson, E. H.） 14, 21
エンペドクレス（Empedocles） 172
オコナー（O'Connor, B. P.） 51
長田一臣（おさだかずおみ） 171
オートレイ（Oatley, K.） 82
オルポート（Allport, G. W.） 39,43

■か行

カインド（Kind, S. S.） 154
カスピ（Caspi, A.） 50
カニッツア（Kanizsa, G.） 27
カーネマン（Kahneman, D.） 57
カプラン夫妻（Kaplan, S. & Kaplan, R.） 149
ガル（Gall, F. J.） 174
ガレノス（Galenos） 172
川本幸民（かわもとこうみん） 183
川本清一（かわもとせいいち） 183
カンター（Canter, D.） 153
カント（Kant, I.） 173
吉川政夫（きっかわまさお） 164
キャッテル（Cattell, J. M.） 176
キャッテル（Cattell, R. B.） 43,45
キャノン（Cannon, W. B.） 87
キュルペ（Külpe, O.） 177
グッドマン（Goodman, C. C.） 109
クレイク（Craik, F. I. M.） 62
クレッチマー（Kretschmer, E.） 39
クレペリン（Kraepelin, E.） 107
クロニンジャー（Cloninger, C. R.） 48
ゲゼル（Gesell, A. L.） 12
ケーラー（Köhler, W.） 77,179
ゴールトン（Galton, F.） 175
コールバーグ（Kohlberg, L.） 14
コスタ（Costa, P. T., Jr.） 45
コフカ（Koffka, K.） 12,142

■さ行

サイモンズ（Symonds, P. M.） 49

人名索引

ザイヤンス（Zajonc, R. B.） 118
サザーランド（Sutherland, E. H.） 128
サリー（Sully, J.） 181
ジェームズ（James, W.） 84,86,112,177
シェルドン（Sheldon, W. H.） 40
ジェンセン（Jensen, A. R.） 14
シフリン（Shiffrin, R. M.） 61
シモン（Simon, T.） 106
シャー（Shah, P.） 62
シャクター（Schachter, S.） 88
シャルコー（Charcot, J. M.） 178
シュテルン（Stern, W.） 14
シュナイダー（Schneider, K.） 127
シュプランガー（Spranger, E.） 41
ジュラード（Jourard, S. M.） 115
シュロスバーグ（Schlosberg, H.） 85
シング（Singh, J. A. L.） 10
スキナー（Skinner, B. F.） 70,178,181
杉原隆（すぎはらたかし） 159
スキャモン（Scammon, R. E.） 13
スパーリング（Sperling, G.） 56
スピッツ（Spitz, R.） 11
セリエ（Selye, H.） 97
ソマー（Sommer, R.） 145
ソーンダイク（Thorndike, E. L.） 68,180

■た行

ダーウィン（Darwin, C.） 94,174
鷹野健次（たかのけんじ） 162
ダットン（Dutton, D. G.） 116
田中寛一（たなかかんいち） 106
ターマン（Terman, L. M.） 106
ダーリー（Darley, J.） 124
タルビング（Tulving, E.） 62
千葉胤成（ちばたねなり） 176
辻平治郎（つじへいじろう） 46
ティチナー（Titchener, E. B.） 176
デカルト（Descartes, R） 84,173
デュルケム（Durkheim, E.） 128
トムキンズ（Tomkins, S. S.） 87
トリーズマン（Treisman, A.） 57
トールマン（Tolman, E. C.） 181
ドンデルス（Donders, F. C.） 176

■な行

ナイサー（Neisser, U.） 57,59
西周（にしあまね） 181
西田保（にしだたもつ） 160
ニューマン（Newman, O.） 151
ノーマン（Norman, D. A.） 58

■は行

ハイダー（Heider, F.） 119
ハヴィガースト（Havighurst, R. J.） 21
パヴロフ（Pavlov, I. P.） 69,181
バークリー（Berkeley, G.） 174
ハーシー（Hirschi, T.） 130
バード（Bard, P.） 87
ハートリー（Hartley, D.） 174
バートレット（Bartlett, F. C.） 61
パペッツ（Papez, J. W.） 88
ハル（Hull, C. L.） 181
ハーロウ（Harlow, H. F.） 16
バンデューラ（Bandura, A.） 78
ピアジェ（Piaget, J.） 14,17
ヒギンズ（Higgins, E. T.） 113
ビネー（Binet, A.） 106
ヒューム（Hume, D.） 174
フェスティンガー（Festinger, L.） 120
フェヒナー（Fechner, G. T.） 175
福来友吉（ふくらいともきち） 182
ブルース（Bruce, V.） 54
プルチック（Plutchik, R.） 84

ブルーナー（Bruner, J. S.） 109
ブルーメンタル（Blumenthal, J. A.） 169
フロイト（Freud, S.） 14,95,103,177
ブロイラー（Bleuler, E.） 101
ベイン（Bain, A.） 174,183
ヘヴン（Haven, J.） 181
ベル（Bell, C.） 174
ヘルムホルツ（Helmholtz, H. L. F. von） 174
ボウルビィ（Bowlby, J.） 16
ホームズ（Holmes, T. H.） 97
ホール（Hall, E. T.） 145
ホール（Hall, G. S.） 177,181
ポルトマン（Portmann, A.） 9

■ま行

マガーク（McGurk, H.） 36
マジャンディ（Magendie, F.） 174
マズロー（Maslow, A. H.） 90,128
マックレー（McCrae, R. R.） 45
松本亦太郎（まつもとまたたろう） 182
ミッシェル（Mischel, W.） 46
ミュラー（Müller, J.） 174
ミュンスターベルク（Münsterberg, H.） 177
ミラー（Miller, G. A.） 55
ミル（Mill, J. S.） 174
モイマン（Meumann, E.） 177
モーガン（Morgan, C. L.） 175
元良勇次郎（もとらゆうじろう） 177,181,183

■や行

ヤング（Young, A.） 54
ユング（Jung, C. G.） 41

■ら・わ行

ライカード（Reichard, S.） 23
ライプニッツ（Leibniz, G. W. von） 173
ラザルス（Lazarus, R. S.） 97
ラタネ（Latané, B.） 121,124
ラッセル（Russell, J. A.） 85,149
ラッド（Ladd, G. T.） 182
ランゲ（Lange, C. G.） 86
リンゼイ（Lindsay, P. H.） 59
リンダー（Linder, D.） 117
リンチ（Lynch, K.） 143
ルソー（Rousseau, J. J.） 20
ルビン（Rubin, E. J.） 26
レイ（Rahe, R. H.） 97
レイナー（Rayner, R.） 72
レヴィン（Lewin, K.） 19,143,179
ロジャーズ（Rogers, C. R.） 105,178
ロック（Locke, J.） 173
ロフタス（Loftus, E. F.） 63
ロールシャッハ（Rorschach, H.） 107
ローレンツ（Lorenz, K. Z.） 11,67
ワトソン（Watson, J. B.） 52,72,180

事項索引

■あ行

アイゼンク性格検査（EPI）　45
愛着　17
温かい認知　89
アノミー（無規制状態）　128
鋳型照合モデル　58
遺伝要因　47
イド　96
イメージトレーニング　163,167
ヴント文庫　176
運動学習　74,161
エコイックメモリー　57
NEO-PI-R　45
エピソディックバッファ　66
円環モデル　86
奥行き知覚　29

■か行

学習曲線　73
カクテルパーティー現象　55
仮現運動　179
葛藤　91
加齢（エイジング）　22
感覚記憶　56
感覚モダリティ　25
環境認知　143
環境評価　148
環境要因　49
顔面表情　94
幾何学的錯視　33
気質　38
ギャング・エイジ　19

ＱＯＬ　22,169
強化　71
境界性人格障害　101
ゲシュタルト心理学　179
5因子性格検査（FFPQ）　46
5因子モデル　45
好意の返報性　117
効果の法則　69
恒常性　28
行動療法　104
行動主義　180
刻印づけ（インプリンティング）　11,67
古典的条件づけ　69,73
根源特性　43

■さ行

錯視現象　32
サークル仮説　154
自我　96
視覚体制化　27
自我同一性　20
自己愛性人格障害　101
自己意識　113
試行錯誤　68
自己概念　112
自己高揚　114
自己中心性　17
自己評価　114
質問期　18
自動処理　58
社会的促進　121
社会的手抜き　121
社会的抑制　121
集合行動　123

習得的行動　68
消去　72
状況主義　47
少年犯罪　134
初期経験　10
ジョハリの窓　115
人格障害　51
心気症　100
心理機能　41
図地反転図形　26
ステレオタイプ　119
ストレス　96,168
性格検査　106
生活空間　143
精神物理学　175
精神分析　177
生得的行動　67
正の転移　76
性役割　20
セルフ・ディスクレパンシー　113
躁うつ病　102

■た行

第一反抗期　18
態度　118
第二次性徴　20
第二反抗期　20
対比現象　34
滝の錯視　34
短期記憶　61
単純接触効果　118
知覚的防衛　110
知能検査　105
注意　55
中間人　19
中枢起源説　87
長期記憶　63

超自我　96
地理的重心モデル　154
月の錯視　34
冷たい認知　89
適応　93
テリトリー　146
動機づけ　89,158
道具的条件づけ　71
統合失調症　101
洞察学習　77
同調行動　122
透明性の錯覚　126
特性論　43

■な行

7次元モデル　48
二重貯蔵モデル　61
認知的不協和　120
認知評価説　88
認知モデル　54

■は行

バイオフィードバック法　80
パーソナルスペース　145
パーソナリティ　38
パターン認知　58
発達課題　21
発達検査　106
発達段階　14
パペッツ回路　87
ハノイの塔　65
般化　72
汎適応症候群　97
パンデモニウムモデル　58
ヒステリー　100
人見知り　11

表面的特性　43
フィードバック　163
負の転移　76
プライミング効果　64
ブラックボックス　54
プラトー　74
プレグナンツ傾向　28
プロクセミクス　145
防衛機制（適応機制）　93
傍観者効果　124
忘却曲線　63
ボトルネック　57

■ま行

マガーク効果　36
マジカルナンバー7　56
マスク刺激　56
末梢起源説　87
メンタルトレーニング　164

モーズレイ性格検査（MPI）　45
モデリング　78,163
モラトリアム　20

■や行

野生児　10
欲求不満　91

■ら・わ行

来談者中心療法　104
ラベリング理論　129
離人神経症　100
臨界期　11
類型論　39
レミニッセンス　76,162
連合主義的心理学　174
ワーキングメモリー　62

編者

藤田　主一　日本体育大学名誉教授
板垣　文彦　国立病院機構東京医療センター

執筆者＜執筆順，（　）内は執筆担当箇所＞

藤田　主一　（1章）　編者
高島　翠　　（2章）　医療創生大学心理学部
陶山　智　　（3章）　日本体育大学体育学部
吉田　宏之　（4章）　常磐大学総合政策学部
政本　香　　（5章）　松山東雲女子大学人文科学部
三村　覚　　（5章）　日本体育大学スポーツマネジメント学部
渡邊　伸行　（6章）　金沢工業大学メディア情報学部心理情報デザイン学科
吉田　由香利（7章）　前立川市教育相談室
鎌田　晶子　（8章）　文教大学人間科学部
碓井　真史　（9章）　新潟青陵大学大学院臨床心理学研究科
亀岡　聖朗　（10章）　桐蔭横浜大学スポーツ科学部
佐々木　史之（11章）　環太平洋大学体育学部
鈴木　祐子　（12章）　立命館大学衣笠総合研究機構

2008年3月30日　初 版 発 行	新しい心理学ゼミナール
2025年6月25日　第18刷発行	― 基礎から応用まで ―

編　者　　藤田主一
　　　　　板垣文彦
発行者　　宮下基幸
発行所　　福村出版株式会社
〒104-0045 東京都中央区築地4-12-2
　電話　03-6278-8508　FAX　03-6278-8323

印刷　　モリモト印刷株式会社
製本　　協栄製本株式会社

Ⓒ S. Fujita, F. Itagaki 2008
Printed in Japan
ISBN978-4-571-20072-4 C3011
定価はカバーに表示してあります。

福村出版 ◆ 好評図書

藤田主一 編著
新 こころへの挑戦
● 心理学ゼミナール

◎2,200円　ISBN978-4-571-20081-6　C3011

脳の心理学から基礎心理学、応用心理学まで幅広い分野からこころの仕組みに迫る心理学入門テキスト。

藤田主一 編著
基本から学ぶ 発達と教育の心理学

◎2,600円　ISBN978-4-571-22063-0　C3011

教職課程の基本テキスト『新 発達と教育の心理学』の全面改訂版。わかりやすい最新の内容で初学者に最適。

藤田主一・齋藤雅英・宇部弘子・市川優一郎 編著
こころの発達によりそう教育相談

◎2,300円　ISBN978-4-571-24067-6　C3011

子どもの発達に関する基礎知識、カウンセリングの理論・技法、学校内外の関係者との協働について解説。

松浪健四郎 監修／齋藤雅英・宇部弘子・市川優一郎・若尾良徳 編著
「自己指導能力」を育てる生徒指導
● 一人一人の自己実現を支援する

◎2,600円　ISBN978-4-571-10202-8　C3037

改訂版生徒指導提要に準拠した教科書。性の問題、多様な背景を持つ児童生徒への対応など新しい課題を網羅。

山岡重行 編著／サトウタツヤ・渡邊芳之・藤田主一 著
血液型性格心理学大全
● 科学的証拠に基づく再評価

◎4,500円　ISBN978-4-571-24117-8　C3011

血液型ブームが去った現在、あらためて血液型と性格の関連を再評価し、ブームの実態を心理学的に検証する。

日本パーソナリティ心理学会 企画／二宮克美・浮谷秀一・堀毛一也・安藤寿康・藤田主一・小塩真司・渡邊芳之 編集
パーソナリティ心理学ハンドブック

◎26,000円　ISBN978-4-571-24049-2　C3511

歴史や諸理論など総論から生涯の各時期の諸問題、障害、健康、社会と文化、測定法まで多岐にわたる項目を網羅。

日本応用心理学会 企画／応用心理学ハンドブック編集委員会 編集／藤田主一・古屋 健・角山 剛・谷口泰富・深澤伸幸 編集代表
応用心理学ハンドブック

◎25,000円　ISBN978-4-571-20087-8　C3511

16の領域・分野からホットなトピックを紹介。関連する研究の歴史、最新の動向と展望がわかるリファレンス。

◎価格は本体価格です。

福村出版◆好評図書

二宮克美・山本ちか・太幡直也・松岡弥玲・菅さやか・塚本早織 著
エッセンシャルズ 心理学〔第2版〕
●心理学的素養の学び

◎2,600円　ISBN978-4-571-20086-1　C3011

豊富な図表，明解な解説，章末コラムで，楽しく読んで心理学の基礎を身につけられる初学者用テキスト改訂版。

軽部幸浩 編著／長澤里絵・黒住享弘 著
こころの行動と発達・臨床心理学

◎2,300円　ISBN978-4-571-23067-7　C3011

心理学の基礎を，初学者向け教科書として発達・対人関係・臨床心理・コミュニケーションを中心に概説。

行場次朗・箱田裕司 編著
新・知性と感性の心理
●認知心理学最前線

◎2,800円　ISBN978-4-571-21041-9　C3011

知覚・記憶・思考などの人間の認知活動を究明する新しい心理学の最新の知見を紹介。入門書としても最適。

古川 聡 編著
教育心理学をきわめる10のチカラ〔改訂版〕

◎2,300円　ISBN978-4-571-22057-9　C3011

アクティブラーニングの導入や教職課程の改革など，教育現場および大学で進む大きな変化に対応した改訂版。

渡辺弥生・西野泰代 編著
ひと目でわかる発達
●誕生から高齢期までの生涯発達心理学

◎2,400円　ISBN978-4-571-23062-2　C3011

誕生から高齢期に至る生涯発達について，100点を超える図表をもとにその特徴を理解する。授業に使える工夫満載。

石井正子・向田久美子・坂上裕子 編著
新 乳幼児発達心理学〔第2版〕
●子どもがわかる 好きになる

◎2,300円　ISBN978-4-571-23065-3　C3011

「子どもがわかる 好きになる」のコンセプトを継承し，最新の保育士養成課程や公認心理師カリキュラムに対応。

松井 豊・宮本聡介 編
新しい社会心理学のエッセンス
●心が解き明かす個人と社会・集団・家族のかかわり

◎2,800円　ISBN978-4-571-25055-2　C3011

社会心理学のオーソドックスな構成は崩さず，最新のトピックと公認心理師カリキュラムに必要な内容を網羅。

◎価格は本体価格です。

福村出版◆好評図書

日本応用心理学会 企画／藤田主一・浮谷秀一 編
現代社会と応用心理学 1
クローズアップ「学校」
◎2,400円　ISBN978-4-571-25501-4　C3311

目まぐるしく変化する現代社会に対応を迫られる学校。現場で何が起きているのか、「こころ」の問題を探る。

日本応用心理学会 企画／大坊郁夫・谷口泰富 編
現代社会と応用心理学 2
クローズアップ「恋愛」
◎2,400円　ISBN978-4-571-25502-1　C3311

若者の恋愛，同性愛，おとなの恋愛，結婚，離婚，浮気，夫婦関係，家族……現代社会の恋愛にフォーカス！

日本応用心理学会 企画／玉井 寬・内藤哲雄 編
現代社会と応用心理学 3
クローズアップ「健康」
◎2,400円　ISBN978-4-571-25503-8　C3311

現代日本社会における健康に関わるトピックを，現実的で多面的な視点から捉え，応用心理学的な解説を試みる。

日本応用心理学会 企画／森下高治・蓮花一己・向井希宏 編
現代社会と応用心理学 4
クローズアップ「メンタルヘルス・安全」
◎2,400円　ISBN978-4-571-25504-5　C3311

現代社会における職場や日常生活でのメンタルヘルス，ヒューマンエラー，リスクマネジメントを考える。

日本応用心理学会 企画／浮谷秀一・大坊郁夫 編
現代社会と応用心理学 5
クローズアップ「メディア」
◎2,400円　ISBN978-4-571-25505-2　C3311

日々目まぐるしく変化を遂げるメディア。21世紀の現代社会と人間関係を象徴するトピックが満載。

日本応用心理学会 企画／内藤哲雄・玉井 寬 編
現代社会と応用心理学 6
クローズアップ「高齢社会」
◎2,400円　ISBN978-4-571-25506-9　C3311

現代日本社会の象徴といえる高齢社会の現実的様相を多面的な視点から捉え，応用心理学的な解説を展開する。

日本応用心理学会 企画／谷口泰富・藤田主一・桐生正幸 編
現代社会と応用心理学 7
クローズアップ「犯罪」
◎2,400円　ISBN978-4-571-25507-6　C3311

犯罪心理はもとより，現代の犯罪の特徴から犯罪をとりまく事象を25のトピックで解説。現代社会の本質に迫る。

◎価格は本体価格です。